암웨이맨을 위하여

金 時 中 編著

용안 미디어

판권본사
독점계약

암웨이 맨을 위하여

지은이 · 김시중

펴낸이 · 김시중

1판 1쇄 발행일 · 1995년 6월 1일

1판 4쇄 인쇄일 · 2001년 3월 10일

펴낸곳 · 도서출판 용안미디어

주소 · (135-081)서울시 강남구 역삼1동 696-25 영성빌딩 3층

전화 · 569-5024(대)

팩스 · 569-5009

등록 · 1994년 2월 25일 제16-1436호

가격 · 6,000원

ISBN 89-86151-07-3 02320

암웨이맨을 위하여

金時中 編著

용안 미디어

머리말

"당신은 누구십니까?"

"예, 저는 암웨이 디스트리뷰터 아무개입니다."

제품 판매를 위해서가 아닌 개인적인 용무의 만남에서도 여러분은 암웨이 디스트리뷰터임을 자랑스럽게 여기고 답변합니까?

간혹 주춤거리며 머리를 긁적였던 경험은 없습니까?

그렇다면 여러분은 벌써 성공에의 첫 발걸음을 내딛은 것입니다. 자신이 하고 있는 것에 대한 자긍심이 우선되어야 성공할 수 있기 때문입니다.

이 책에서는 특히 이런 점에 주안해 발간 되었습니다.

1. 암웨이 비즈니스의 합리성과 견고함에 대해서

2. 난관이 있을때 슬기롭게 대처하기 위한 방법 제시

3. 성공하기 위한 과정에서 반드시 알아야 하는 것

4. 성공을 이룬 뒤에도 체크해야 할 것.

특히 1부~4부까지는 암웨이 비즈니스의 기초 지식을 바탕으로 나 자신을 비롯하여 그룹과 리더들에 이르기까지 도움이 될 수 있는 내용을 실었고 5부에서는 사업가로서의 자질 향상을 위한 더불어 사는 방법을 제시했습니다.

하루 아침에 성공한 사업가는 없습니다. 대부분의 사람들이 그렇듯이 가족의 경제적 기반 구축, 교육, 윤택한 생활, 퇴직후 안정기반 마련 등 생활에서 질적인 향상을 꾀하기 위해 사업을 시작하고 조금씩 점차로 사업을 키워 나갑니다. 단단한 기초공사 위에 튼튼한 빌딩이 자리하는 것처럼 여러분의 암웨이 비즈니스도 건실하게 구축될 것을 믿으며 이 책이 암웨이 사업의 초석과 재도약을 다지는 밑거름이 되었으면 하는 바램입니다.

지금껏 암웨이 비즈니스를 해 오면서 성공할 수 있는 여러가지 제언과 충고를 아끼지 않으셨던 많은 디스트리뷰터 리더 여러분들께 이 책을 통하여 감사를 표합니다.

35여년 동안 세계의 많은 사람들에게 사랑 받아온 암웨이 제품처럼 암웨이와 함께하는 디스트리뷰터 여러분들의 사랑도 지속될 것입니다.

金 時 中

차 례

1. 나 자신을 위하여

2. 초보 디스트리뷰터를 위하여

3. 당신과 당신 그룹 전체를 위하여

4. 리더들을 위하여

5. 우리 모두를 위하여

1

나 자신을 위하여

이 장에서 필자가 말하고자 하는 것은 여러분이 이미 알고 있는
암웨이의 기본 이념이나 특성에 견주어 여러분들에게 띄우는
정직한 메시지입니다.
암웨이 비즈니스만이 제공할 수 있는 서비스.
부정을 싫어하고 사람을 중요시하는 성실한 비즈니스로서
암웨이의 진정한 가치를 발견하게 될 것입니다.
우리들은 꿈을 가지고 있고 목표를 세웠습니다.
그리고 그 꿈이 실현된다는 것도 알고 있습니다.
세계 속의 무수한 사람들에 의해 그것이 나날이 입증되고 있기 때문입니다.
암웨이의 개성을 바로 나의 개성으로 받아들이고 창조한 디스트리뷰터 여러분.
지금 꿈의 시대가 오고 있습니다.

개인의 자유를 소중히

암웨이가 어떤 사람에게든지 평등하게 비즈니스의 기회를 제공하고 있다는 것은 암웨이 비즈니스에 종사하고 있는 분이라면 누구나 잘 알 것입니다.

학력, 연령, 성별 등이 각각 달라도 디스트리뷰터 모두는 자유로운 거래와 경제적 독립 원칙, 즉 암웨이의 자유 기업 이념 아래 모두들 암웨이의 파트너로서 활동하고 있는 것입니다. 여러분은 암웨이의 세일즈 마케팅 플랜에 근거한 경제적 독립이라는 하나의 동일한 목적을 향해 일하고 있습니다. 또한 암웨이에서는 비즈니스와 관계없는 것에 대해서는 완전한 자유를 누리게 됩니다. 어떠한 생각을 갖고 있다 해도 디스트리뷰터로써의 지위를 위협받을 수는 없습니다.

예를 들면 어떠한 생각을 갖는 것은 자유이지만, 비즈니스를 위해 열리는 미팅 등에서는 어디까지나 비즈니스가 즐겁게 될 수 있도록 마음먹으십시오. 비즈니스의 활동 공간을 사상과 정치 활동의 공간으로 이용하게 되면 비즈니스가 사적인 목적을 위해 사용되기 때문입니다. 미팅에 오는 그룹의 사람들은 비즈니스 정보를 얻고 싶기 때문에 오는 것입니다. 비즈니스에 대한 연설이 설교가 되거나, 정치적인 연설이 되어서는 모처럼의 비즈니스 정보를 들으러 온 목적에 어긋날 뿐만 아니라, 개인의 권리도 침해되어 버리기 때문입니다.

그렇기 때문에 비즈니스 미팅은 비즈니스에 대한 것만을 논의해야 합니다. 개인적인 신념이나 문제를 취급하는 장소가 되어서도 안됩니다. 자기에게도 권리가 있는 것처럼, 타인에게도 또한 권리가 있습니다. 그것을 존중하는 것이야말로, 암웨이 비즈니스가 자연스럽게 운영될 수 있는 것이며 그것을 여러분 한 사람 한 사람이 확실히 염두에 두어야 합니다.

그리고 또 하나 당신 자신에게 물어 봅시다.

"자신이 남에게 받기를 바라는 것을 타인에게 해주고 있는가."라는 것을….

다운 라인에게 멋진 모범을

암웨이 비즈니스에 대한 노력이 당신의 인생 설계를 완성시키는데 도움이 된다는 것을 잘 알고 있을 것입니다.

또한 당신의 암웨이 비즈니스에 대한 노력도 많은 디스트리뷰터들에게 인생 설계를 완성시키는데 도움이 될 것입니다.

결국 많은 디스트리뷰터가 동일한 목표를 향해 가면서 서로의 성공을 도와주게 되고, 그들이 당신의 성공을 표준으로 삼게 됨으로써 다른 디스트리뷰터를 성공으로 인도하게 되는 것입니다. 이와 같은 파급효과는 업 라인과 그룹의 사람들을 통하여 마치 도미노 현상과 같이 다음에서 그 다음으로 확대되어 수많은 디스트리뷰터에게 좋은 영향을 주게 됩니다. 즉 많은 사람들이 자신감을 갖게 되어 인생의 희망을 크게 갖게 되는 것입니다.

당신과 동일하게 생각할 수 있는 사람들이 적극적으로 행동하면, 국내에 있어서도 해외에 있어서도 많은 디스트리뷰터들이 좋은 영향을 받게 됩니다. 말할 것도 없이 당신이 암웨이 비즈니스에서 달성한 대부분의 성과는 당신 자신의 노력의 성과입니다. 그리고 여기에서 중요한 것은 이미 당신이 다른 디스트리뷰터로부터 영향을 받았던 것처럼, 당신의 노력이 다른 디스트리뷰터에게 멋진 모범이 될 수 있을까 하는 것입니다.

왜냐하면 타인에 대하여 도움을 주는 만큼 암웨이 비즈니스에 대한 만족감과 보수도 커지기 때문입니다.

리피트(반복) 비즈니스를 기본으로

제이와 리치가 암웨이 코포레이션을 창립하기 전 다단계 판매 사업을 생각할 즈음이었습니다. 그들의 스폰서들은 마케팅 플랜에는 관심이 없는 듯이 보였습니다. 실제 장래의 전망에 대해 물어 보면 자신의 수첩을 보이고는 판에 박힌 이런 말을 했다고 합니다.

"자, 여러분! 나는 어제 A 부인에게 하나, B 부인에게 하나, 그리고 C 부인에게도 하나 팔았습니다. 이것이 질문의 답입니다."

그들은 제이와 리치가 바라는 그러한 대답은 해주지 않았습니다. 그러나 그들은 제품을 잘 판매한 것입니다. 그리고 비즈니스를 계속해 가는 동안에 점차로 우리들에게도 그것이 야말로 질문에 대한 그들 독자적인 답변이란 것을 이해하기 시작했습니다. 그것은 즉 리피트 비즈니스였던 것입니다.

리피트 비즈니스는 처음에 만난 사람에게 제품을 판매하는 것과는 달리 익숙한 고객에게 정기적으로 제품을 제공하는 것으로, 제품을 전달하기 위해서 고객을 만나기 때문에 디스트리뷰터와 고객 상호간에 커뮤니케이션이 반복적으로 이루어지게 됩니다. 암웨이 비즈니스에서 성공한 사람은 모두 이 리피트 비즈니스의 원칙을 충실히 지키고 있습니다.

이러한 리피트 비즈니스를 잘하게 되면, 리피트 비즈니스는 당신에게 안정적인 수입을 보장할 뿐더러, 당신의 암웨이 비즈니스를 보다 크게, 그리고 견고하게 전개시켜 시간적인 여유를 가져다 줄 것입니다.

실제로 당신이 리피트 비즈니스를 할 수 있을 때부터 당신은 새로운 디스트리뷰터를 많이 모집할 수 있을 것입니다. 그 때야말로 이미 우리들의 스폰서가 해준 것처럼 암웨이 비즈니스가 얼마나 간단하고 이익이 큰 비즈니스인가를 새로운 디스트리뷰터에게 설명해 주십시오. 그러면 당신 자신도 암웨이 비즈니스에서 성공할 수 있다는 사실을 확인하게 됩니다.

암웨이의 견고한 기초

현재 세계 각지의 암웨이에서는 급속한 성장에 따르는 시설에 대한 건설이 추진되고 있습니다. 건축 기술이라면 누구나 알고 있겠지만 건축물의 수명은 기초 공사에 의해 결정되어 집니다. 그 의미에서 암웨이의 기초는 대단히 특수하고 강력한 것이라고 말할 수 있을 것입니다. 품위와 존엄, 완벽한 비즈니스의 실천, 고품질의 제품을 기본으로 한 암웨이 세일즈 마케팅 플랜이 고안된 것은 30년도 훨씬 전이었습니다. 이 플랜의 기본은 품위와 존경이고, 문자 그대로 각양각색의 생활을 하고 있는 다수의 사람들이 자신들을 위해 암웨이 비즈니스를 성공시켜 온 것입니다.

암웨이에는 비즈니스에 의해 현실적으로 재산을 쌓는 확고한 기초가 있습니다. 암웨이에서는 당신의 기초가 꺼질 듯한 촛불과 같이 내일이라도 망해 버릴지 모른다는 염려 없이 비즈니스를 할 수 있습니다.

암웨이는 여러 분야에 걸쳐 고품질의 제품인 동시에, 한 제품만이라도 세일즈 마케팅 플랜을 토대로 한 자유로운 판매가 가능하도록 하고 있습니다. 당신의 판매 노력은 디스트리뷰터의 독자적 방법에 의해 큰 이익이 되어 돌아옵니다. 이같은 암웨이의 견고하고 독창적인 기초야말로 암웨이 비즈니스가 세계 속에 확장을 계속할 수 있는 주요 이유인 것입니다.

당신 자신이 경제적으로 자립하려는 목표를 달성하려고 할 때 그 기초를 쌓는 도움을 암웨이에서 얻을 수 있기를 바랍니다.

해가 지지 않는 암웨이 비즈니스

오늘날 암웨이는 북아메리카를 넘어 오스트리아, 영국, 독일, 프랑스, 일본, 덴마크, 아일랜드, 홍콩, 스위스 등으로 확대되고 있습니다. 암웨이의 세일즈 마케팅 플랜은 현재 중국어, 영어, 프랑스어, 독일어, 말레이지아어, 스페인어, 일본어, 한국어 등으로 번역되어 간행되고 있습니다. 국제 스폰서가 되면 새로운 수입 가능성이 생겨 그 외의 특전과 보수를 얻을 수 있습니다.

그러나 위에 언급한 것보다 중요한 것은 해외에서 이렇게 독립한 비즈니스의 존재를 지금까지 완전히 몰랐던 사람들에게 당신과 똑같은 수입을 얻을 기회를 제공할 수 있다는 것입니다.

해외에서의 스폰서 활동은 지금 시작하거나, 지금은 국내에서 발판을 굳히는데 전념하고 나중에 시작하기도 합니다. 암웨이의 국제적 발전 그 자체가 당신 개인의 성적과 수익에 직접 영향을 줍니다. 암웨이가 국제적으로 발전하고 사회적, 인종적 장벽과 국경을 간단히 넘을 수 있다는 것은 당신의 스폰서 활동을 국내에 있어서도, 해외에 있어서도 강력히 지지해 줄 것입니다.

지금 바로 손을 뻗어 국내에서도, 해외에서도 당신의 비즈니스를 발전시켜 갑시다. 당신의 바로 옆에 살고 있는 예상 고객들에게 당신과 함께 자기 사업을 함으로써 얻게 되는 보수를 서로 나눠 갖자고 강력히 호소합시다.

암웨이 디스트리뷰터는 독립된 사업주

아마그램에 게재되고 있는 새로운 자격을 달성한 여러분들의 사진란을 보십시오. 그들은 암웨이 디스트리뷰터로 성공하여 다른 사업에서는 거의 맛볼 수 없는 영예를 나누고 있습니다. 그들 그리고 당신은 독립된 사업주인 것입니다.

일을 하고 있는 사람의 다수는 회사의 조직에 소속되어 있습니다. 이런 사람들은 주주의 의향, 상사의 기분, 자신의 급료와 출세, 경쟁 때문에 각자가 가지고 있는 능력을 충분히 발휘할 수 없을 때가 자주 있습니다. 그러나 암웨이 디스트리뷰터에게는 이러한 제한은 절대 없습니다.

당신은 당신 자신이 사장이고 자신의 힘을 어느 만큼 일에 투자할 것인가를 스스로 결정하면 되는 것입니다. 비즈니스를 어느 만큼 운영해 갈 것인가? 어느 만큼의 시간을 투자할 것인가, 또 어느 만큼 크게 할 것인가 등. 당신에게 명령하는 사람은 아무도 없습니다.

이 자유스런 독립이야말로 이백만을 넘는 세계 속의 디스트리뷰터들에게 평가를 얻고 있는 최대의 중요한 이념 중의 하나인 것입니다.

아마그램에 게재된 여러분들은 그것을 실행하고 있는 사람들입니다. 자 빨리 페이지를 열고 성공한 사람들의 풍족한 표정을 보십시오.

35여년간 얻은 것

　제이와 리치가 35여년간 암웨이 비즈니스를 계속하는 동안에 느낀 것은 매우 많습니다. 마음에 그리고 있던 것과 현실과의 차이, 그것을 가르쳐 준 것은 시간의 흐름이었습니다. 어떤 때는 상상 이상의 대단한 사실이 있었던 적도 있었습니다. 그 사실들을 나열하면

① 국경과 인종을 넘어 세계의 사람들은 모두 비슷하다.
② 자유 기업은 역시 가능하다는 것.
③ 암웨이 세일즈 마케팅 플랜이 확실하다는 것.
④ 암웨이 제품을 세계 속의 사람들이 필요로 하고 있다는 것.
⑤ 소비자들 대부분은 가격보다도 제품의 품질과 서비스를 추구한다는 것.
⑥ 디스트리뷰터로 하여금 이러한 형태의 제품은 충분히 팔 수 있다고 생각하게 한 것.
⑦ 암웨이 비즈니스를 성공시키기 위해서는 소매 활동과 스폰서 활동이 똑같이 중요하다는 것.
⑧ 최고의 위치에 오르는 데는 한 사람 한 사람의 노력과 결실이 필요하다는 것.
⑨ 당신의 장래는 당신이 오늘 무엇을 하는가에 달렸다는 것.
　그리고 10번째의 또 한가지 사실을 든다고 한다면 "자신

이 남에게 받고 싶어 하는 것, 바라는 것을 남에게 해준다."라는 암웨이 정신이 암웨이의 성공, 디스트리뷰터의 성공, 당신의 성공을 쌓아 올릴 수 있다는 사실입니다.

충분히 생각하는 비즈니스

"디스트리뷰터들이 '눈이 돌아갈 정도로 바쁘다.'라든가, '자신들은 정말 운이 없다.'라고 말할 때에는 나는 항상 '스케줄 표를 보여주십시오.'라고 말합니다. 그렇게 하면 그는 급히 화제를 바꾸어 버립니다."

어떤 톱 클래스의 디스트리뷰터가 웃으면서 말해 주었습니다. 그는 인간의 마음속에 있는 자기 기만의 벽을 멋있게 허무는 방법을 알고 있었던 것입니다. 항상 불평만 하고 있는 사람들은 실제로 자신의 운이 안 좋다고 생각하고 있거나 바빠서 실제로 정신 차릴 수 없을 정도일지도 모릅니다. 그러나 마음 깊은 곳에서는 자기 자신의 진실한 모습을 발견할 것입니다. 그리고 자신이 거짓말을 하고 있는 것에 대해서도 알고 있는 것입니다.

비즈니스가 성공함에 따라 바쁘게 되는 것은 당연한 일입니다. 발주서를 작성하거나 재고를 관리한다거나 미팅을 계획한다거나, 뉴스 레터를 발행한다거나, 장부를 만드는 것을 해야만 한다는 것은 두말할 필요도 없습니다.

그러나 맨 처음에 두 가지 것만을 하고 있다면, 이처럼 자꾸자꾸 일이 생겨나지 않을 것입니다. 그 두 가지라는 것은 소매 활동과 스폰서 활동입니다. 이 두 가지로부터 모든 비즈니스는 시작되는 것입니다. 하지만 이 두 가지는 디스트리뷰터만이 가능한 것이고 스케줄 표에 반드시 적혀지는 것입니다. 그리고 스폰서 활동을 스케줄에 따라서 해 가면 전자에 들었던 여러 가지 일들도 해결될 수 있는 것입니다.

우리들은 항상 뉴 DD들에게 "소매 활동과 스폰서 활동에 도움되는 일을 하시오."라고 충고하고 있습니다. 해야 할 일들이 산더미처럼 쌓일수록 소매 활동과 스폰서 활동에 도움되는 일을 하려고 하는 마음가짐을 가져야 합니다. 예를 들면 다수의 희생이 있더라도 비즈니스의 이익에 전념하는 것입니다. 그렇게 하면 여러 가지 일들 중에 지금 무엇을 해야 할지 알게 됩니다. 그러면 여유 있는 시간도 갖게되고, 운도 확실히 열릴 것입니다.

암웨이의 개성이 바로 당신의 개성

거의 모든 사람은 그들이 필요로 하는 물건이 상점밖에 없다고 생각하고 있습니다. 지금 암웨이 제품의 사용자는 수백만 명에 이르고 있습니다. 왜일까요. 품질이 좋기 때문에? … 물론 그렇습니다. 그러나 그에 덧붙여 더욱더 중요한 이유가 있습니다. 당신은 암웨이 공로자이기 때문에 고객에게 충분한 서비스를 제공할 수 있습니다. 이것은 점포 판매로써는 절대 불가능한 일입니다. 결국 당신은 고객의 집을 방문하여 암웨이 제품을 실증해 보일 수 있습니다.

암웨이 제품이 어느 만큼 훌륭한가? 자기의 경험을 얘기할 수도 있고 암웨이 제품 소비자의 경험을 전달할 수도 있습니다. 그리고 고객이 필요로 할 때는 언제든지 암웨이 제품은 배달됩니다.

또한 당신에게는 암웨이 100% 만족 보증 제도가 있습니다. 점포에 있어서는 보증이 있어도 단순한 서술에 그칠 뿐이지만 당신은 그것을 실제 행할 수 있습니다.

단골을 얻는 데는 시간도, 노력도, 인내도 필요합니다. 비즈니스는 처음은 작게 차차로 크게 되는 것이지만, 중요한 것은 고객에게 신용을 얻는 것입니다. 일단 믿게 되면, 당신이 단골 고객을 얻는 것은 당연한 것입니다. 이 신용은 어느 상점에서나 팔거나, 돈으로 살 수 있는 것이 아닙니다. 암웨이가 다른 것과 차이 있는 것, 그것은 디스트리뷰터로써 당신이 존재하고 있다는 것입니다.

눈부신 내일을 향하여

암웨이의 거대한 실적은 한마디로 세계 속의 이백만명 이상의 디스트리뷰터들 모두가 암웨이 세일즈 마케팅 플랜의 정신에 따라 비즈니스를 발전, 성공시켰던 결과에 있다고 할 수 있습니다.

암웨이의 수익은 확실히 크지만 아무리 많은 돈도 인간의 가치를 정하는 것은 결코 아닙니다. 디스트리뷰터의 비즈니스에 대한 열의와 노력에 보답하기 위해서 수익의 대부분은 여러 가지 형태로 환원됩니다.

어떤 사람은 자식의 교육비로써 혹은 내집 마련 자금으로써 일찍이 꿈꾸던 것을 암웨이를 통해서 하나씩 하나씩 실현하고 있습니다. 그리고 또한 교회 등을 통하여 지역 사회에 공헌하고 있는 사람들도 세계 각국에 많이 있습니다. 이처럼 암웨이 비즈니스의 수입으로 많은 사람들은 경제적 안정과 자기 확립을 달성하고 있습니다.

당신의 경우는 어떤가요? 암웨이에 의해서 당신 자신의 꿈을 실현하고 있습니까? 암웨이와 당신의 '프리 엔터프라이즈(Free Enterprise): 자유 기업'의 이념과 결의는 경제적인 안정은 물론 충실한 미래와 자유를 약속할 것입니다.

자신의 프로 의식을 고객에게

일반적으로 큰 소매점만큼 물건을 사는 사람에게 있어서 상품 선택 범위가 넓은 곳은 없습니다. 그러나 물건이 풍부한 상점이기 때문에 좋은 서비스를 받을 수 있다는 보증은 없는 것입니다. 이러한 현상은 특히 소매점에서 많이 발생하는 일입니다. 물건이 풍부한 상점에 자신이 원하는 물건이 분명히 있을 경우에는 좋지만, 물건은 있어도 어떤 브랜드가 제일 좋은 것인지 확실하지 않을 경우에는 매우 불편한 곳이 됩니다. 또한 점원이 있다 하더라도 반드시 당신에게 도움을 준다고는 할 수 없습니다. 그들은 진열대의 물건을 진열하기 위해 선반을 정리하는 것을 제 1의 목적으로 하기 때문입니다. 그리고 당신은 셀프 서비스를 하게 될 것입니다.

왜냐하면 고객을 상대하는 것이 그들의 일은 아니기 때문입니다. 사실 이것이 암웨이와 다른 점입니다. 고객을 상대로 하는 것은 당신의 일입니다. 그에 의해 당신 자신도 크게 보상받을 수 있는 것입니다. 사람은 친절하고 정중한 것 외에도 고객 본위의 서비스에 민감하게 반응합니다. 결국 암웨이 서비스에서는 양질의 제품과 서비스가 하나가 되어 제품으로 판매되는 것입니다.

물론 이같은 것은 어떤 비즈니스에 있어서도 이루어져야 하는 것이지만 특히 당신의 암웨이 비즈니스에 있어서는 중요한 것입니다. 실제 고객은 당신이 그 자신에게 다른 전형적인 소매점보다도 가장 마음에 드는 내용 있는 서비스를 해주기를 기대하고 있습니다. 이 사실은 암웨이에서 독자적으로 행해진 소비자 동향 조사 결과에서 나온 것입니다. 암웨이에 만족하고 있는 고객을 계속해서 늘리는 것이야말로 당신의 일입니다.

당신이 물건을 살 때 친절한 서비스를 기대하는 것처럼 항상 똑같은 친절, 언제나 신속한 서비스를 해야 합니다.

결국 당신 자신의 프로 의식을 고객에게 제공해 주십시오. 그리고 당신의 고객 한 사람 한 사람이 당신에게 있어서 '가장 친근한 고객'이면 확실히 접근해 주십시오. 이것이 당신의 암웨이 비즈니스입니다.

사람들을 위한 비즈니스

많은 제품은 다음 2가지 방법 중 하나로 판매되어 집니다.

① 상점에서 물건을 사갈 듯한 사람이 오는 것을 기다린다.
② 당신 자신이 뛰어나가, 고객 가정의 정보(전망)를 조사한다.

많은 소매업자는 상점을 경영하는 것을 선호했습니다. 그래서 즉시 암웨이는 2번째의 방법, 즉 방문하여 소매하는 사람이 보다 많은 이윤을 얻을 수 있다고 항상 믿어 왔습니다.

통행인을 대상으로 상품을 판매하는 소매업자는 여러 가지로 변명을 합니다. 그러나 시대는 계속 변화하고 있습니다. 1980년도의 조사에 의하면 이미 그 경향이 현저하게 나타나고 있다는 것을 알 수 있습니다. 이때 미국에 있어서의 상점 수 증가율은 야 3%증가에 머무르고 있습니다. 미국의 인구가 6%(소매점 성장의 2배) 증가했음에도 불구하고 말입니다.

이것은 대체 무엇을 의미하는 것일까요. 이것은 암웨이가 제공하고 있는 것처럼 고객의 입장에서 만나게 하는 판매 방법이 존재하고 있기 때문이라고 생각됩니다. 당신은 일반 상점에서는 제공할 수 없는 불가능한 것을 사람들에게 해줄 수 있는 입장에 있습니다. 제품 설명을 하고, 고객의 질문을 그 자리에서 답변할 수 있습니다. 새로운 사용법도 알려줄 수 있습니다. 게다가 고객 각자의 욕구에 맞는 사용 방법을 소개할 수도 있습니다.

당신은 '사람(人)'이 되는 것입니다. 가족의 일원이라고 해도 되겠지요. 경쟁 때문에 근대적인 점포는 종업원 수, 선반의 크기, 재고량, 이윤, 총 매상고 등 이런 저런 숫자에 놀라게 됩니다. 그러나 사업은 고객 위에서 이루어지는 것입니다. 그리고 고객은 사람이지 숫자는 아닙니다. 고객이며, 공헌자인 당신은 사람의 입장에 서 있는 것입니다.

이렇게 함으로써 더불어 고객도, 공헌자도 그리고 수입까지도 증가하는 것입니다. 왜냐하면 암웨이는 사람들을 위한 비즈니스이기 때문입니다.

암웨이는 고객에게 편리를 제공하는 비즈니스

미국이나 일본에서는 자동차가 교통 수단의 왕좌를 차지하고 있습니다. 그러나 만성적인 교통 정체와 주차장 부족 때문에 도시의 쇼핑센터의 중심가가 해내는 역할은 급격히 감소하고 있습니다. 때문에 고객 본위의 판매를 신경 쓰고 있는 판매점은 경쟁적으로 도로를 정비하고 주차장 공간을 확보할 수 있는 교외로 이동하고 있습니다.

또한 이 소매점의 대부분은 영업 시간을 변경하여 조조부터 심야까지 상점을 열고 있습니다. 결국 그들은 고객의 편리를 도모하는 것이 무엇보다도 중요하다고 생각하고 있는 것입니다. 이 점에서는 암웨이도 완전히 동일한 생각을 갖고 있고, 우리들은 그것을 자랑으로 생각하고 있습니다.

그러나 암웨이 비즈니스의 경우 디스트리뷰터 모두는 소매점 이상의 것도 가능한 것이 사실입니다. 일반 소매점에서는 흉내낼 수 없는 2가지 편의를 제공할 수 있기 때문입니다.

하나는 암웨이 디스트리뷰터는 직접 고객의 집을 방문할 수가 있습니다. 또 하나는 고객에게 제품을 보이면서 설명할 수 있다고 하는 점을 들 수 있습니다. 그러나 가장 큰 장점으로는 암웨이의 제품은 품질이 뛰어나다는 것과 만일의 경우에는 반품(환불)이 보증되어 있다는 점입니다. 이러한 것은 모든 암웨이 비즈니스만이 제공할 수 있는 이점입니다.

고객의 입장에서 보면, 암웨이 디스트리뷰터는 마치 하나의 점포와 같습니다. 전문점 그러니까 이동 전문점인 것입니다. 그리고 암웨이 디스트리뷰터의 활동은 그대로 수입에 연결됩니다. 지금 많은 암웨이 디스트리뷰터 모두가 점차로 큰 수입과 그에 버금가는 자유를 갖고 있습니다. 소매점 지배인, 아니 가게 주인에 버금가는 수입과 자유입니다. 고객이 편리함을 선호하지 않을 리 없습니다.

여기에 암웨이 비즈니스 발전의 이유가 있는 것입니다.

크리스마스 정신과 암웨이 정신

크리스마스는 크리스천들만의 축제일이라 생각하는 사람이 많을지도 모르지만, 성탄을 축하하는 정신은 세계 속의 모든 사람들에게 공통적인 것입니다. 이것이 크리스트교에 한하지 않은 이유는 다음과 같은 말이 담겨져 있기 때문입니다.

"네 이웃을 사랑하라."

그러나 실제로 자신의 이웃을 사랑하는 것은 어려운 일입니다. 예를 들어 이웃 사람을 사랑한다고 해도 멀리 떨어진 도시에 사는 타인과 이방인을 사랑할 수 있을까요.

옛날에는 강 반대쪽과 마을 반대쪽에 살고 있는 사람이 이방인이었고 타인이었습니다. 그들은 결코 이웃으로써 인정할 수 없었던 것입니다.

하지만 교통과 통신이 발달함에 따라 이제까지 이방인이었다고 생각했던 사람이 실제로 자신들과 다를 것 없다는 것을 사람들은 깨닫게 되었습니다.

21세기를 목전에 둔 오늘날, 이방인의 개념은 에어리언과 우리들의 별, 지구 이외에 생존하는 외계인(다른 별 인간)을 의미하게 되었습니다. 지구, 국가, 종교 등에 차이는 있어도 이 지구라는 혹성 위에서 인류는 모두 이웃, 동지라는 인식이 높아지고 있음을 강하게 느낄 수 있을 것입니다.

"자신이 남에게 받기를 원한다면 바라는 것을 타인에게 해 주라."

이 암웨이 정신은 결국 사람은 모두가 이웃이고 동료이기 때문에 사랑을 서로 나누자라는 것입니다.

돈으로는 살 수 없는 것을 드리는 암웨이

언젠가 유명한 디스트리뷰터가 이런 말을 했습니다.

어떤 사람이 무엇을 말하고 있는가 듣고 있으면, 그 사람이 어느 만큼 암웨이 일을 하고 있는가 알 수 있습니다. 아직 아마추어 디스트리뷰터가 화제로 하는 것은 돈과 돈으로 살 수 있는 물질적인 것만을 이야기합니다. 하지만 베테랑의 경우에는 "어떻게 남을 도울 수 있을까?"를 이야기하게 됩니다. 이것은 대체 무엇 때문일까요.

사람에 따라서는 '새롭게 정기적인 수입을 얻게 되면 이전에도 매우 중요했던 것(돈과 돈으로 살 수 있는 것)이 그만큼 중요하지 않게 됩니다.'라고 말합니다.

또 '인간에게 있어 가장 중요하고 필요한 것이 2가지 있는데, 그것은 '돈'과 '사랑'입니다. 그리고, 그 어느 쪽도 지나쳐서 곤란할 것은 없습니다.' 이것도 자주 말하는 한가지입니다. 사람에 따라서는 돈으로 살 수 있는 것을 모두 갖고 있다든가, 바라는 것을 모두 손에 넣었다는 시점에 도달할 수도 있겠지요. 그러나 사랑에 관한 한 그러한 것은 결코 없습니다. 돈도, 물건도, 모든 인간이 만들어 내는 물건들도, 인간의 내면에서 솟아나는 사랑과는 완전히 다른 것입니다.

"사랑은 훨씬 깊고 넓은 것입니다. 하지만 사랑에 대해 이야기하는 것은 남자답지 못하다든가, 쑥스러운 것으로 생각하고 있기 때문에 우리들은 남을 돕는 것에 대해 이래 저래 이유를 붙이려 합니다. '조금이라도 도움이 된다면' '남을 돕는 것은 기분이 좋기 때문에' 또 '남을 도우면 훨씬 풍부해진다' 라고…."

이것은 모두 사실입니다. 게다가 이것은 매우 단순한 사실입니다. 암웨이는 돈과 사랑을 양수레 바퀴로 하여 여러분을 '기분 좋은 라이프 스타일'로, 또는 '영원한 우정'으로 이끌어 줄 수 있는 것입니다.

고객에 대한 서비스야말로 암웨이의 사명입니다

여러분에게 반복하여 말씀드렸지만 당신의 가장 가까운 라이벌은 당신 동네의 일반 상점입니다. 그들의 강점은 다양하고 풍부한 상품과 풍부한 재고량, 그리고 가격에 있다고 하겠습니다. 그렇다면 이러한 소비자의 관심을 일반 상점에 놓인 상품에서 당신의 암웨이 제품으로 돌리게 하려면 어떻게 하면 좋겠습니까? 답은 간단합니다. 그들이 결코 제공할 수 없는 것, 즉 오래도록 지속될 수 있는 친근한 서비스와 함께 고품질 제품을 제공하는 것입니다. 물론 소매점 측에서도 이름을 서로 아는 단골은 있을 것이고 금주의 구매 정보라든가, 신제품 입하의 정보 제공 등과 같은 서비스에 신경을 쓰고 있을 것입니다.

그러나 그들은 부엌, 욕실, 차고 등의 청소에 어느 제품이 가장 적합한가 설명할 수 없습니다. 또, 혈액과 즙을 빼는데 어떤 제품을 병용하면 효과적인지 상세한 제품 지식을 어드바이스 할 수 없고, 고객의 생일과 결혼 기념일을 기억하고 있는 것은 물론 세제가 떨어질 때 고객의 형편에 맞추어 언제든지 배달할 수 없습니다.

암웨이 디스트리뷰터 여러분이라면 이러한 친근한 서비스가 가능합니다. 여러분들은 매일 몇 백명이라는 고객을 상대로 하는 상점에 비해 예를 들면 20명의 고객, 한 사람 한 사람의 필요와 형편에 맞추어 서비스를 제공할 수 있는 것입니다. 고객의 좋은 친구로, 상담자로서 항상 친밀하게 지냄으로서 고객은 상점에 물건 사러 갈 필요를 느끼지 못하게 될 것입니다.

여러분이 제공하는 고품질의 암웨이 제품의 가격이 타당하다는 것도 한 원인이지만 고객이 여러분에게 관심을 갖는 가장 큰 이유는 당신의 친밀한 서비스인 것입니다. 여러분이 고객을 중시하는 한 고객은 당신을 언제까지라도 필요로 힐 것입니다.

성실로 당신의 비즈니스를 제공하겠습니다

기사도 정신이 현대 세계에도 맥을 이어 계승되고 있는 것과 같이 성실이란 말도 결코 사라지지 않았습니다. 암웨이는 디스트리뷰터 여러분과 협력하면서 성실로 비즈니스를 하고 있습니다. 이것이야말로 갑자기 나타났다가 사라지는 암웨이 모방자들과의 큰 차이가 아닐까요.

암웨이는 35년 전의 출발 시점부터 성실을 중시하며 비즈니스를 전개시켜 왔습니다. 때문에 경쟁이 치열하면 사업하기 어려운 시장 상황에서도 암웨이는 성장을 계속하고 있는 것입니다. 암웨이는 기업으로써도 제품에 대해서도 암웨이 세일즈 마케팅 플랜에 대해서도 성실로 임하려고 항상 노력해 왔습니다. 그렇습니다. 이것들은 디스트리뷰터의 중요한 재산이기 때문입니다. 그래서 암웨이는 암웨이를 모방하는 사람들보다 항상 한발 앞섰고, 다음에 소개할 여러 가지 플랜을 실행하여 성의를 다해 가고 있습니다. 당신이 종사하고 있는 암웨이 비즈니스는 부정을 싫어하는 정직한 비즈니스라는 것을 확실히 이해했으리라 믿습니다.

암웨이 제품의 교환과 반품 시스템은 디스트리뷰터인 당신을 지키며 100% 만족 보증은 당신의 고객을 지킵니다. 이것은 철저한 보증 시스템입니다. 암웨이는 디스트리뷰터 여러분도 암웨이 제품을 사용하는 고객도 매우 중요하게 생각하고 있습니다.

암웨이의 윤리 강령과 행동 지침은 디스트리뷰터가 평등하게 비즈니스의 기회를 부여받아 성공의 길을 평등하게 나아갈 수 있도록 전원이 지키게 하는 윤리와 행동 기준을 설정한 것입니다. 암웨이는 여러분의 스폰서 계열 그룹의 조직을 존중하고 있습니다. 평등한 비즈니스의 기회라는 사고방식을 확고히 하기 위해서 디스트리뷰터 모두를 지키고 있는 것입니다.

암웨이는 세계 속에서 눈을 크게 뜨고 여러분이 가능한 한 많은 사람들과 암웨이 세일즈 마케팅 플랜을 서로 나누어 비즈니스를 전개시킬 수 있도록 항상 새로운 시장을 찾고 있습니다. 그리고 그 시장에 있어서 디스트리뷰터와 고객 쌍방에게 충분한 서비스를 제공할 수 있는 체제를 확립했다고 확신할 때에 비로소 암웨이 사업에만 전념할 수 있습니다.

암웨이 비즈니스에 있어서는 등록 월일의 선후와 계열의 상하 관계에서 생기는 소득은 일체 없습니다. 예를 들면 디스트리뷰터로서 등록하는 것이 빠른가 느린가 등등. 비즈니스를 확대하여 성공할 기회는 누구에게나 평등하게 부여되고 있습니다. 또 성공의 길을 돈으로 사는 것도 불가능합니다. 스스로 획득해 가는 것입니다. 암웨이 DD 배지를 달고 있는 디스트리뷰터는 각자의 레벨을 달성한 사람입니다. 때문에 암웨이 DD 배지는 의미가 있는 것입니다. DD 배지를 가슴에 장식할 기회는 모든 암웨이 디스트리뷰터들에게 부여되고 있습니다.

암웨이는 디스트리뷰터 여러분과 쌍방이 항상 이익이 될 수 있도록 최대의 노력을 하고 있습니다. 독립된 사업주 암웨이 디스트리뷰터인 당신에게는 안정된 수입을 얻을 수 있는 길이 열리고 있는 것입니다. 자, 자신을 갖고 당신의 이웃 사람들에게 암웨이 비즈니스의 기회를 제공하지 않겠습니까?

많은 사람들에게 목표를 준다는 이 기쁨

사람은 누구라도 자신의 목표를 향해 살아갈 권리를 갖고 있습니다. 하지만 누구든지 모두 자신의 목표를 갖고 있다는 의미는 아닙니다. 하지만 실현해 보고 싶은 꿈은 누구나 갖고 있겠지요. 단, 꿈을 목표로 바꿀 수 있는 것은 가능하므로 당신이 암웨이 세일즈 마케팅 플랜을 누군가에게 소개한다고 하는 것은 꿈을 목표로 바꾸어 그것을 실현할 기회를 주는 것이기 때문입니다.

당신이 접하는 수많은 디스트리뷰터들에게는 두 가지의 꿈이 있습니다. 하나는 차와 집을 가지고 싶다는 큰 꿈, 또 한 가지는 말을 꺼내면 남들은 웃어 버릴지 모를 아주 작은 꿈입니다. 하지만 우리들은 새로운 디스트리뷰터들에게 "암웨이 비즈니스 덕분으로 아이들에게 새 옷을 사줄 수 있었다."라든가 "새 세탁기를 사기 위한 계약금이 가능했다."라든지 하는 작은 목표일지도 모르지만 매우 귀중한 꿈을 실현했다는 이야기를 들을 때 매우 기쁩니다.

큰 꿈도 큰 결정이 되지만 또한 작은 목표야말로 중요하다는 것을 잊어서는 안됩니다. 그리고 작은 목표를 중복하여 실현하는 것이 보다 큰 꿈에 연결되는 것입니다.

이것이 암웨이인 것입니다. 당신에게 있어 당면 목표는 무엇일까요. 그것은 누군가의 꿈을 목표로 바꾸어 그 목표를 달성할 수 있도록 도움을 주는 것입니다. 그것에 성공한다면 열성적인 디스트리뷰터가 탄생할 것입니다. 그리고 당신은 귀중한 친구를 얻을 수 있는 것입니다. 한 사람의 인간이 타인의 목표, 그리고 꿈까지도 실현하도록 도와주는 것이 가능합니다. 암웨이의 진정한 가치는 여기에 있는 것입니다.

신용 위에 성립된 자유 기업의 약속

예전에는 물물교환이 유일한 교환 방법이었습니다. 사람은 자신의 손에 들어올 것을 확실히 확인하고 나서 거래에 응했던 것입니다. 금화와 은화가 발명되자 사람들은 그것을 편리한 수단으로써 이용했습니다.

물론 이러한 것은 '소비자에게 지불한다.'라는 약속의 의미로서는 가치가 있습니다. 게다가 편리한 발명품인 지폐에는 2가지의 약속이 담겨져 있었습니다. 즉 정부로부터의 보증과 은행으로부터의 보증입니다. 그리고 수표는 적어도 제3자로부터의 약속에 대비하여 등장했습니다. 현대에는 여러 가지 약속을 담은 크레디트 카드가 이용되고 있습니다.

사실 이리한 문명의 이기 하나 하나가 지금까지 줄곧 기반이 되고 있는 것은 약속, 즉 모두가 지킬 수 있다고 하는 '신용' 때문입니다.

오늘날에는 수표와 크레디트 카드를 사용하여 손에 넣으려고만 한다면 즉시 차나 집, 어느 것이든지 구입이 가능합니다. 왜냐하면 수표와 신용카드 이상으로 당신 스스로가 신뢰를 받고 있기 때문입니다. 확실한 법률이 있는데도 약속을 지키지 않는 사람도 있습니다.

그러나 대부분의 사람들은 이러한 약속을 지켰으며 이제까지 지켜 왔습니다. 만약 그렇지 않다면 인간은 오늘날에도 물물교환에 의지하고 있었을 것입니다. 결국 인간성을 신용하면 보상을 받게 됩니다. 현대의 많은 비즈니스는 세계적인 회사에서 지금 막 독립한 암웨이 디스트리뷰터에 이르기까지 신용 위에 성립되고 있습니다. 신용은 또 민주국가의 기초가 되기도 했습니다.

물론 우리들은 '신용'의 또다른 이름에 익숙해져 있습니다. 바로 '자유 기업(Free Enterprise)' 입니다.

자신의 실제 실력을 알려준 암웨이

사람들은 자신이건 남이건, 직업으로 그 사람의 됨됨이를 식별하기도 합니다. "당신은 어떤 분입니까?"라는 질문을 받았을 때 "나는 인간입니다."라고 답할 사람은 없습니다. 대부분의 사람들은 "목수입니다."라든가, "의사, 주부입니다." 와 같이 자신의 직업을 말합니다.

그러나 이것은 정확한 답이 아닙니다. 그 사람이 지금 무엇을 하고 있는가를 말하는데 지나지 않습니다. 하지만 직업을 맨 먼저 말하는 것은 회사에 있어 자신의 위치를 분명히 하고 싶기 때문입니다. 즉 자신에게 있어 무엇이 가능한가, 적어도 어떤 것에 가장 능력이 있는가, 또는 어떤 것에 관한 한 가장 능력을 발휘할 수 있는 것인가를 암시하고 싶은 것이 이유인 것입니다.

　물론 직업이 그것을 말할 경우도 있겠지만, 그렇지 않을 경우도 있습니다. 사람이 현재 직업에 종사하는 것은 재능이 있기 때문이라든가, 그 일이 좋기 때문이라든가, 어렸을 때 부친에게 감화되어 자신도 모르게 감화 되었다라든가, 혹은 단순히 무언가 일이 하고 싶었을 때 지금의 자리가 비어 있었다든가 하는 것과 같이 여러 가지입니다.

　누구라도 현재 종사하고 있는 직업이 그 사람에게 가능한, 단 하나의 유일한 직업이라고 할 수 없으며, 그것이 그 사람의 능력을 최대한 발휘시키는 일이라고 단정할 수도 없을 것입니다. 오히려 다른 분야에서 재능이 있다고 해도 이상한 일은 아닌 것입니다.

　가장 능숙하면서도 즐겁게 할 수 있는 무엇인가가 있을 것입니다. 암웨이 비즈니스가 제공하는 최대 이점 중의 하나는 그 같은 찬스를 거의 하나도 희생하지 않고 찾아내는 것입니다. 예를 들면 "나는 단지 주부였습니다. 그것이 단지 나의 모든 것입니다. 하지만 암웨이에 의해서 내 자신 속에 판매와 비즈니스에 재능이 있다는 것을 깨닫게 된 것입니다. 우리들에게는 재능이 훨씬 많았지만 이제까지 그것을 사용할 기회가 없었기 때문입니다."라는 말을 여러 차례 들었습니다.

　자, 지금하고 있는 것 가운데 자신의 문을 닫아 버리지는 마십시오. 당신에게 무엇이 가능한가 그것을 신중하게 찾아

보십시오. 반드시 스스로도 놀랄 만한 자기 자신을 발견할 것입니다.

암웨이의 심장은 디스트리뷰터

암웨이는 두 가지의 약속을 기본으로 설립되어 크게 성장을 계속해 왔습니다. 그 약속이라는 것은 다음의 두 가지입니다.

① 암웨이는 모든 디스트리뷰터들이 용이하게 소매할 수 있으면서도 모든 디스트리뷰터가 이익을 얻고, 고품질로 많은 사람들에게 애용되는 제품을 공급할 것.

② 암웨이는 한 사람 한 사람의 디스트리뷰터가 독립된 경영자가 될 것. 결국 디스트리뷰터는 체인점을 담당하는 지점도 아니고, 판매 대리점도 아니고, 종업원도 아닙니다. 암웨이 디스트리뷰터는 한 사람 한 사람이 자기 자신의 비즈니스로 경영자가 되는 것입니다.

이와 같은 이념을 갖고 있는 암웨이는 다이렉트 판매업계 중에서 세계 최고 우위의 스케일을 갖기까지 성장하고 있습니다. 본사에서는 제품을 기획하여 제조하는 다수의 간행물을 제작하여 자료를 준비합니다. 그리고 이러한 것들은 모든 디스트리뷰터를 통해 보내지고 있습니다. 거기에는 암웨이에 관한 새로운 자료와 데이터를 연구하고, 보너스를 지불하고, 디스트리뷰터를 표창하고, 이벤트를 기획하여 참가를 위한 안내를 하고 있습니다.

그 결과 사람들은 암웨이 코포레이션이 기업 전체의 '정점'에 존재하고 있습니다. 하지만 암웨이 비즈니스의 활력과 생명력은 암웨이 코포레이션에서 생겨난 것이 아니라, 디스트리뷰터인 여러분들 속에서 생겨난 것입니다.

암웨이가 성장하고 있다는 이 사실은 매일, 매시간, 지구상의 어딘가에서 많은 디스트리뷰터들이 대단한 노력으로 활동하고 있기 때문입니다.

디스트리뷰터라면 비즈니스를 체험했기 때문에 우리 암웨이 비즈니스가 어떠한 것일까 깊게 이해하고 있을 것입니다. 그리고 당신이야말로 암웨이 비즈니스의 활력과 생명의 원천, '심장'이라고 할 수 있습니다.

제품이 생산하는 비즈니스의 열의

암웨이 비즈니스는 35년 동안 세계 각지에 퍼져 있는 수많은 암웨이 맨과 업무에 성실한 디스드리뷰터를 깆고 있으며 주목받는 비즈니스로 성장해 왔습니다. 성장의 가장 큰 원인은 무엇일까요. 그 답은 한가지, 바로 양질의 제품을 시장에 판다고 하는 간단하지만 가장 기본적인 원칙을 지켜왔다는 것 외에는 없습니다.

결국 좋은 제품은 반드시 사람들에게 수용되어져 입에서 입으로 자연스럽게 전해진다는 당연한 사실을 실행에 옮겨왔다는 것입니다.

　암웨이에는 매년 3천가지 이상 되는 새로운 아이디어가 모아져 현재도 미시간주 에이다의 암웨이 코포레이션 본사에서는 백가지 이상이나 되는 제품에 대한 연구와 개발이 이루어지고 있습니다. 그러나 그러한 아이디어의 대부분은 엄격한 검사를 통과하지 못해 제품화되지 못했습니다. 다시 말하면 시장에 나오고 있는 암웨이 제품은 그 만큼 가치 있고 소비자들이 신뢰할 수 있는 제품이라는 것입니다.

　암웨이는 디스트리뷰터들이 자신을 갖고 판매할 수 있는 제품을 만들어 내는 것을 중요한 사명이라 여기고 있습니다. 왜냐하면 디스트리뷰터인 당신이 제품에 대한 신뢰를 가졌을 때 고객에게 열의를 가지고 전달하고 많은 사람을 감동시키며, 암웨이 수용자와 새로운 디스트리뷰터를 만들어 내기 때문입니다. 그리고 그것은 두말할 것도 없이 암웨이와 당신의 비즈니스 성장을 약속하는 것입니다.

암웨이 세일즈 마케팅 플랜

　암웨이 세일즈 마케팅 플랜은 정말로 확실한 계획이며 기회입니다. 그것이 얼마나 위대한 것이고 대단한 의의가 있는가에 대해 다시 한번 생각해 봅시다.

① 소매 활동이 주축입니다. 암웨이의 눈부신 실적은 고품질의 제품을 친구와 아는 사람들에게 소매 판매하는 디스트

리뷰터에 의해 발전하고 있습니다. 소매 판매를 기초로 조직이 성립되고 있는 것입니다.

② 제품의 특징을 눈으로 보여 주는 것이 중요합니다. 데몬스트레이션 방법을 숙지하여 제품의 좋은 점을 바르게 전달합니다. 이것이야말로 구태의연한 소매점이 할 수 없는 당신만의 강력한 무기입니다. 모든 고객의 앞에서 반드시 실천하십시오.

③ 암웨이는 모든 사람에게 균등한 기회를 부여합니다. 파트타임, 프리타임을 불문하고 암웨이 사업은 누구에게나 적용됩니다.

④ 새로운 디스트리뷰터를 스폰서 한다고 하는 것은 당신에게 책임감을 갖게 하는 것입니다. 그 사람을 지도하고 용기를 북돋아 주고 제품을 공급할 의무를 갖게 하는 것입니다.

⑤ 암웨이의 윤리 강령과 행동 지침은 모든 디스트리뷰터의 이익을 보호하는 것입니다. 이런 것을 항상 염두에 두십시오.

⑥ 암웨이 세일즈 마케팅 플랜은 당신의 노력괴 정열에 충분히 보답할 수 있는 플랜입니다.

이러한 사항은 모두 암웨이만의 것입니다. 당신이 누군가에게 암웨이를 소개할 때 이러한 사실을 절대 과장하지 말고 사실 그대로 전달해 주십시오. 그리고 당신 자신도 그 플랜에 충실한 비즈니스를 해 나가십시오.

암웨이화는 무엇인가?

암웨이화란 무엇인가. 그것을 명확히 하려고 하면 경험이 풍부한 디스트리뷰터라도 좀처럼 쉽지는 않습니다. 암웨이라는 것은 한 사람 한 사람의 독립된 개인 사업이라고 하는 사람도 있습니다. 그러나 그것만이 아닙니다.

또 부수입을 얻는 수단이라고 생각하는 사람들도 있습니다. 이것도 맞습니다. 그러나 그것만이 아닌 것입니다. 결국 독특한 세일즈 마케팅 플랜이라고 하는 사람도 있습니다. 확실합니다. 그러나 그것도 역시 부족합니다.

암웨이라는 것은 이러한 모든 것을 포함하지만 처음부터 우리 모두는 암웨이는 본질적으로 하나의 꿈이라 생각해 왔습니다. 이 꿈은 세계를 향해 이렇게 묻습니다. 당신은 누구이고 어디 출신인가? 부자인가? 가난한가? 나이가 들었는가? 들지 않았는가? 학력이 높은가? 낮은가? 피부색, 인종, 과거, 신조, 이러한 모든 것이 여기에서는 문제가 안됩니다. 단 노력하려는 의지가 있는가, 없는가 그것만이 문제인 것입니다.

만약 그 의지가 있으면 암웨이 디스트리뷰터 자격을 얻음으로써 인생에 있어서의 지위를 향상시키기 위한 공명정대한 기회를 당신은 손에 넣을 수 있을 것입니다.

우리들은 이 꿈이 실현된다는 것을 알고 있습니다. 세계 속의 무수한 사람들에 의해 그것이 나날이 실증되고 있는 것입니다. 우리들은 믿고 있습니다. 그렇습니다. 지금 꿈의 시대가 오고 있는 것입니다.

프랜차이즈(체인점)보다도 훌륭하다

최근 소매업계에서는 프랜차이즈 방식이 급성장을 계속하고 있습니다. 우선 프랜차이즈의 참가에 있어서 거액의 자금이 필요하게 됩니다. 이미 상당한 실적을 올리고 있는 프랜차이즈 사업을 하려고 해도 미국에서는 적어도 10만 달러가 필요합니다. 어떤 프랜차이즈는 65만 달러나 요구하는 경우도 있는 듯합니다. 이 만큼의 거액을 조달하는 것은 손쉬운 일이 아닙니다. 예를 들어 조달했다 해도 개점 후의 수익은 그 거액의 부채를 갚기 위해 사용해야 하기 때문에 주머니에 남는 돈은 없을 것입니다.

또한 프랜차이즈 방식은 자유로운 비즈니스가 아닙니다. 본부가 되는 회사는 그 회사가 결정한 비즈니스 방법을 가맹점에 지시하고 있습니다. 선택의 여지가 없으며 상점을 갖추고, 인테리어를 하고, 사람을 고용하고, 급료를 지불하고… 이 모두를 본사의 지시대로 하지 않으면 안됩니다. 정해진 제복을 입고, 정해진 영업 시간을 지키고, 회사의 재고를 구입하여 회사의 제품을 판매하는 것입니다. 그것은 회사의 결정된 비즈니스 방법 그대로입니다.

그러면 여기에서 암웨이 비즈니스에 대해 생각해 봅시다. 디스트리뷰터가 되면 유명하고, 신뢰받는 조직의 하나인 암웨이와 연결되어 사업을 할 수 있습니다. 현재 암웨이 네트 워크는 세계 속의 40여개 국가에 자치령을 확대하고 있습니 다. 그리고 디스트리뷰터는 풍부한 경험에 기초한 조언과 지 도를 받아 품질 좋은 제품을 정당한 가격으로 구입할 수 있 는 것입니다.

암웨이 비즈니스에서의 성공 여부는 모든 디스트리뷰터 자 신의 의욕에 달려 있는 것입니다. 디스트리뷰터가 되기 위해 서는 어느 만큼의 자금이 필요할까요? 아주 적은 돈입니다.

그러면 암웨이에서는 철저한 규약이 있는 것입니까? 확실 한 디스트리뷰터인 당신에게는 '암웨이 윤리 강령과 행동 지 침'에 따르시면 됩니다. 하지만 당신이 어느 제품을 누구에 게 어디에서 판매할까 하는 판단은 완전 자유인 것입니다.

암웨이 비즈니스는 프랜차이즈보다도 확실히 손쉽게 시작 할 수 있고, 당신 스스로도 무난하게 운영할 수 있는 사업인 것입니다.

새롭게 목표를 세운다

우리들은 왜 새해가 되면, "신년을 축하드립니다."라고 인 사를 나누는 것일까요. 왜 설날에 새로운 1년의 목표를 세우 는 것일까요. 인간은 과거를 정리하고, 빛나는 미래를 위해 성장으로 연결되는 새로운 목표를 세우고 싶어하는 염원을 갖고 있기 때문입니다. 때로는 목표가 너무 지나쳐 실패할 경우도 있습니다. 그러나 아무리 실패하더라도 다시 도전하고 싶고 다시 성장하고 싶다는 자세는 매우 중요한 것입니다.

암웨이 사업은 모든 것을 적극적으로 생각하여 실행하도록 합니다. 예를 들면 '이것을 하지 않도록'이라고 말하지 않고 '새롭게 그것을 하자.'라고 말합니다. 왜냐하면, '하지 않도록'과 '하자'라는 말은 비즈니스에 임하는 사람의 기분을 달라지게 합니다. 작은 말의 차이가 인생을 크게 바꾸어 놓기 때문입니다. '하자'고 하는 말은 자신에게 용기를 북돋우고, 적극적으로 하게 하며 큰 성공으로 인도해 줄 수 있는 말입니다. 자신의 결심의 정도를 표현하고, 새로운 목표를 분명하게 표현할 수 있도록 합시다.

그리고 새롭게 목표를 세우는 날은 신년 초에 한하지 않고 언제라도 좋다고 우리들은 생각해야 합니다. 목표를 세운 그 날이야말로 그 사람의 인생의 설날이라고 말할 수 있습니다. "오늘이라고 하는 날은, 우리들에게 주어진 인생의 최초이기도 한 것입니다."라고 하는 말이 있습니다. 그것은 새로운 목표를 세운 그날이 새로운 인생에의 출발점이란 의미입니다.

새롭게 암웨이 비즈니스에 참가하는 모든 분들도, 디스트리뷰터로서 한층 성장하고 싶은 당신도, 인생의 출발점에 선 기분으로 각자의 새로운 목표를 향하는 것이 무엇보다도 중요한 것입니다.

지금이라는 시간은 두번 다시 오지 않는다

새로운 해라는 것은 당신의 다음 한 걸음이 시작되는 해이고, 이제까지의 인생 계획을 재검토하여 만약 불필요하다면 장래의 계획과 목표를 다시 세우는 시기이기도 합니다.

정월은 우리들에게 있어서 목표 설정의 중요한 기회인 것입니다. 목표를 세운다고 하는 것은 어려울 게 아무 것도 없습니다. 1주간의 목표, 1개월의 목표, 3개월의 목표, 반년의 목표, 그리고 연간 목표라고 하는 각각의 시기에 목표 설정을 하면 되는 것입니다. 누가 생각하더라도 지켜지지 않을 듯한 계획을 세우는 것이 아닌, 이제까지 자신의 능력을 냉정히 판단하고 그보다 약간 위의 목표를 설정하면 되는 것입니다.

모든 것은 당신 나름이며 자신에 대해서 아무쪼록 약해지지 않도록 항상 체크하는 것이 필요합니다. 주말에는 반드시 다음주 목표를 결정합시다. 그리고 월간 목표를 다시 체크하여 계획한 바가 순조롭게 진행되면 거기에 조금씩 높은 목표를 세워 보십시오.

3개월 목표도 반년 목표도 연간 목표도 아주 똑같이 반복하면 되는 것입니다. 정말로 간단한 것입니다.

여기에서 중요한 것은 목표를 정하는 것이 아닌, 목표를 달성하는 것입니다.

당신은 인생의 계획 그 자체를 세우고 있기 때문에 1년간의 목표를 12로 나누어 달성한다면, 당신 미래의 전망은 밝다고 말할 수 있습니다.

이 목표를 달성할 수 있는가 아닌가는 장래에 있어서 '유유자적한 생활'이 되어 나타나든가 '그때 더 노력했으면 좋았을걸' 하고 '한탄하는 인생'으로 나타나는가에서 알 수 있는 것입니다. 암웨이 비즈니스의 출발은 빠르면 빠를수록 좋은 것입니다. "훨씬 빠르게 결심하지 않았던 것이 후회스럽습니다."라고 말하는 디스트리뷰터들이 얼마나 많은지 모릅니다.

과거로 돌아가 인생을 출발시키는 것은 불가능하지만 지금 시작하는 것은 누구에게나 가능한 것입니다. 지금이라는 시간은 두번 다시 오지 않습니다.

2

초보 디스트리뷰터를 위하여

진실한 우정은 남에게서 받는 것이 아닙니다.
우선 자신이 남에게 주는 것입니다.
암웨이는 언제나 이것을 강조합니다.
디스트리뷰터라는 호칭이 아직도 어색하신 비즈니스 초년생
여러분들에게 성공을 향한 보탬을 드리는 장입니다.
서두르는 사람은 결코 성공의 축배를 들 수 없습니다.
한 계단씩 오르면서 암웨이의 참 맛을 음미하며
견고한 기초 공사를 마무리 지으십시오.
그리고 언제라도 항상 성공하기 위한 계획을 세워 두십시오.
암웨이는 바로 여러분들이 만들어 가기 때문입니다.

과거가 아닌 미래를

후원 활동을 했을 때 프로스펙트(예상 고객)가 우선적으로 말하는 반대 이유라고 하는 것은 필시 이러한 것은 아닐까요. "나에게 판매가 가능할 리 없어요. 왜냐하면 판매를 한 번도 해본 적이 없기 때문에…"

그러나 어쨌든 해보면 대개의 사람은 판매가 '가능하다' 는 것에 놀라게 될 것입니다. 때로는 그것이 본인에게 있어서도 의외의 발견인 것입니다.

하지만 그 사람들 가운데는 사실 태어나자마자 판매에 재능을 갖추었다고 하는 사람도 있을 수 있습니다. 그와 같은 사람들은 지금까지 그의 재능을 하나도 사용하지 않았다는 의미입니다.

'한 번도 했던 적이 없기 때문에' 라는 것을 이유로 움직이려고 하지 않는 프로스펙트라면 그것은 과거에나 통했습니다. 불행하게도 그것은 그들만이 아닙니다. '언제나 이러한 방식으로 해 왔기 때문에' 라고 주장하여 방식을 바꾸려고도 하지 않는 사람들도 많이 있습니다.

그러나 이것은 극히 비생산적인 태도라고 할 수 있습니다. 왜냐하면 과거는 과거에 지나지 않고, 이제 끝나 버린 것이기 때문에 지금부터 바꾸는 것은 무의미하기 때문입니다. 하지만 미래는 가능성으로 가득차 있고 가능한 것이 많이 있습니다. 가장 중요한 것은 편견 없는 마음으로 미래가 갖는 풍부한 가능성에 도전해 볼 수 있습니다.

우리들이 있는 시대는 과거와 비교하면 훨씬 좋아졌습니다. 이 만큼 많은 기회가 많은 사람들에게 개방되어 있는 시대는 일찍이 없었던 것입니다. 그 가운데 가장 최고의 기회는 '암웨이'입니다. 그것은 가능성에 충만된 미래를 동반한 기회인 것입니다.

좋아하고 싫어함에 관계없이 '사람이 생애에 남겨진 시간을 지낸다'라고 하는 것은 결국 미래밖에 없습니다. 그 시간을 어떻게 지낼까는 그 사람 자신의 손에 달렸다고 생각합니다. 선택하는 것은 당신 자신인 것입니다.

항상 기회를 맞이하자

DD이상의 디스트리뷰터 가운데는 '처음에는 참가할 마음이 없어 분명히 거절했었던 사람에게도 언제까지라도 권유한다.'고 생각한 친구의 끈질긴 설득으로 암웨이에 참가한 사람들이 많습니다. 처음에 그들을 후원한 사람들은 암웨이의 표창을 받습니다. 이 사람들은 간단히 포기하지 않았다는 것을 보여주었기 때문입니다.

물론 '귀따가울 정도로 시끄러워 하는 혐오자가 되십시오.'라는 의미는 아닙니다. 그것과는 전혀 다릅니다.

분명히 'NO'라고 말하며 거절하는 프로스펙트와 스스로 가능한가 아닌가를 모르기 때문에 '생각해 보겠습니다.'라든가 '나중에 연락하겠습니다.'라고 말하는 프로스펙트와는 큰 차이가 있다는 것을 여러분은 아실 것입니다. 그리고 그들을 위해서 표나지 않게 문을 열어 두는 방법은 여러 가지가 있습니다. 어떤 스폰서는 매월 아마그램을 보내 상대가 자연스럽게 납득할 때까지 기다립니다. 또는 제품을 배송할 때에 디스트리뷰터에 대한 팜플렛을 동봉하는 스폰서도 있습니다. 또 프로스펙트를 미팅에 초대하는 것도 한 방법입니다.

어쨌든 암웨이는 언제든지 준비하고 있을 것, 그리고 언제라도 환영한다는 것을 상대에게 알려야 할 것입니다. 이와 같은 노력은 시간을 요하는 것이지만 그 만큼의 가치가 있는 것입니다. 대단히 많은 리더들이 확신을 갖고 이렇게 말하고 있습니다.

"설득이 어려운 프로스펙트도 일단 납득하면, 가장 적극적이고 열심인 디스트리뷰터가 되는 것입니다."

비즈니스의 운명이라는 것은

지난번 어떤 디스트리뷰터가 암웨이 비즈니스에 관한 멋있는 격언을 말해 주었습니다.

"나는 48시간 동안 암웨이 비즈니스 이야기를 하는 것은 아닙니다. 기회가 무르익었을 때 암웨이 비즈니스의 찬스를 제공하고 있을 뿐입니다."

우리들이 늘 생각하고 있는 그대로입니다. 암웨이 세일즈 마케팅 플랜을 설명하는 데에 많은 디스트리뷰터들은 칠판을

들고 다닌다거나, 불필요한 도구를 쓰면서 설명하거나 해서 프로스펙트가 꽁무니를 빼고 신뢰를 얻을 수 없게 하는 일이 많은 듯합니다.

예를 들면 우리들이 알고 있는 크라운DD는 종이 내프킨을 사용하여 Man To Man식의 설명을 실로 그럴싸하게 하고 있습니다. 그는 세일즈 마케팅 플랜을 설명할 때 차트 중심으로 상대방의 이름을 기입하고 완성된 차트를 프로스펙트에게 내보이는 것 같습니다. 이 방법은 매우 효과적이고 지금까지 한번도 세일즈 마케팅 플랜 설명에 실패한 적이 없는 듯합니다. 도구가 정말로 필요할 때는 많은 프로스펙트를 상대로 하고 있을 때입니다.

제일 중요한 것은 자신이 현재 얼마나 정확하게 세일즈 마케팅 플랜을 이해하고 있는가 하는 것입니다. 자신이 강조하고 싶은 사항과 그 설명 순서를 확실히 합니다. 예를 들면 당신 인생의 목적, 비즈니스를 시작한 동기, 간단한 설명들을 덧붙인 제품 설명, 소매 방법, 그리고 스폰서 활동 등.

만약 프로스펙트가 당신의 설명에 조금이라도 흥미를 나타내면, 시간을 들여 암웨이의 세일즈 마케팅 플랜을 설명하기 위해 다시 만날 것을 약속합니다.

중요한 것은 암웨이에 대해 처음으로 질문 받았을 때 그들에게 흥미를 갖게 하는 것입니다. 그것이 우리들이 말하는 '기회가 무르익었을 때 비즈니스의 기회를 제공한다.'인 것입니다.

자동 시동기(Self-Starter)가 된다

자동차가 현재처럼 보급된 것은 셀프-스타터(자동 시동기) 의 발명에 의한 것이라고 말하고 있습니다. 옛날에는 차를 운전하기 전에 반드시 밖에 나가서 철제의 크고 무거운 크랭 크 축을 회전시켜 엔진을 걸었습니다. 차는 지금에 와서 현대 생활의 필수품이 되었지만, 유감스럽게도 '의욕'을 갖게 하는 셀프-스타터는 아직 발명되지 않고 있습니다.

여러분도 잘 알고 있듯이 다수의 디스트리뷰터들이 실제로 비즈니스를 시작하기까지는 많은 시간이 걸립니다.

일반적으로 디스트리뷰터의 다수는 우선 계획을 세워 업 라인에서 상담을 하고 계획을 신중하게 검토하지만, 그 가운 데는 너무 지나친 검토로 결국에는 예정하고 있던 프로스펙 트와 만나지 못하게 되는 디스트리뷰터도 있습니다. 이러한 계획 차질을 막기 위해서는 목표 부담이 지나치지 않도록 설정해야 합니다. 매주 한 사람만이라도 상관없습니다. 프로스 펙트와 만나기로 정했다면 차질 없이 진행하는 것입니다.

계획의 차질을 막는 좋은 방법이 또 하나 있습니다. 그것 은 암웨이 제품을 자기 자신이 사용하여 자신을 키우는 것입 니다. 제품 라벨과 팜플렛에서 설명하고 있는 것을 자신이 시험해 보십시오. 제품 지식을 마스터하여 남에게 사들인 것 이 아닌 자신의 경험에 근거한 지식과 표현으로 제품을 고객 에게 소개해 주십시오. 그럼으로써 당신의 설명은 대단히 안 정감을 줄 뿐 아니라 설득력을 갖게 되어 설득 받는 측도 안심할 수 있을 것입니다. 그리고 고객은 그러한 당신을 신뢰해 줍니다.

세일즈 마케팅 플랜 설명에 있어서도 이것과 같이 처음 몇회는 당신의 스폰서와 DD의 도움을 받아, 그들의 방식을 충분히 배우도록 하십시오. 또한 문제점은 스폰서 등에게 확인하여 스스로 납득이 갈 때까지 충분히 반복 연습합시다.

이제 아시겠지요. 우선은 해보는 것입니다.

비즈니스의 프로는 듣기를 잘한다

문자의 발명은 인류 역사에 있어서 최대의 전진을 가져다 준 것이라고 말들 합니다. 사물의 경위를 문자에 의해 기록함으로써 그 구체적인 사항을 확실히 전달할 수 있는 것입니다. 우리도 디스트리뷰터 모두에게 업무의 보고는 서류로 하도록 권하고 있습니다. 또 업무에는 경리 장부도 필요합니다. 이러한 것이 비즈니스의 기본이란 것은 말할 것도 없습니다. 그러나 여기서 확인해 두고 싶은 것은 문자에 의한 커뮤니케이션이 전부가 아니라고 하는 것입니다.

우리들은 비즈니스라는 것은 대화하는 식으로 진행하는 것이 자연스럽다고 생각합니다. 그러나 그것은 지도하는 것도, 연설하는 것도, 설명하는 것도 아닙니다. 지도와 연설에는 그에 어울리는 장소가 있지만 이러한 것은 모두 일방 통행의

커뮤니케이션에 지나지 않습니다. 지금 여기에서 이야기하고 있는 것은 양자 사이를 왔다 갔다 하는 대화인 것입니다. 이야기하고 듣고 의견을 교환하며 지혜를 나누어 갖으면서 이야기를 해 나가는 것입니다. 따라서 이러한 경우에 대화가 당신의 비즈니스에 있어서 특히 고객과의 사이에 필요한 것입니다. 이때 당신에게 요구되는 것은 말하는 것뿐이 아닌 듣는 입장의 시간도 내야 한다는 것입니다.

당신이 청취자가 되면 되는 만큼, 그리고 상대의 이야기에 주의를 기울이면 기울인 만큼 좋은 결과가 나옵니다. 이것을 실행함에 따라 당신은 매우 많은 것을 알게 됩니다. 그것은 고객이 자신의 이야기를 잘 들어주는 사람이라고 생각하여 말을 걸어오기 때문입니다. 그 결과 당신은 고객이 바라는 제품을 제공할 수 있는 것입니다. 그것은 최고의 결과를 만들게 되는 것입니다. 고객과의 사이에 커뮤니케이션을 확립하여 비즈니스를 보다 성장시켜 주십시오. 이것은 비즈니스에만 필요한 것이 아닙니다.

듣기 잘하는 당신은 평판이 매우 좋게 될 것입니다.

성공의 열쇠, 그것은 결단력

세계 속에서 암웨이 비즈니스가 성공을 거둘 수 있었던 이유 중의 하나가 매우 간단한 비즈니스라는 것을 들 수 있습니다. 그렇지만 당신이 만약 이 비즈니스로 크게 성공하려고

한다면 우선은 결단력을 가져야 할 것입니다. 왜냐하면 아무리 당신이 비즈니스에 대한 의욕과 의지를 갖고 있다 해도 결단력이 둔해져 버리면 그 의욕과 열의는 발휘될 수 없어 소멸되고 말기 때문입니다. 그렇기 때문에 이 비즈니스에서의 성공 여부는 당신이 어떻게 결단하는가에 달려 있는 것입니다.

이것은 어느 분야의 성공자에게도 적용되는 것으로 공통된 특징이라고 말할 수 있습니다. 특히 두드러지는 지성, 재능, 능력이라는 것이 없다 해도 강한 결단력을 갖는 것만으로 당신에게도 평등하게 성공자로서의 길이 열리는 것입니다.

암웨이 디스트리뷰터의 지금까지의 기록을 조사해 보면 1~2년마다 점차적으로 높은 자격을 획득하고 있는 사람이 있다는 것을 알게 됩니다. 이러한 사람들에게 공통되는 특징을 한마디로 말하면 열의 있는 결단력에 있다는 것입니다. 어떤 연구가는 귀찮은 일과 그것을 스스로 완수해 가는 시간과는 일정한 관계가 있다고 말합니다.

결국 판단하고 결단한 의욕과 열의는 쌓아올리지 않고는 성공에 연결되지 않는다는 것입니다. 예를 들면 수많은 자가는 한 권의 책을 출판하는데 많은 좌절감과 몇 번이나 거절을 당해 생기는 고통 등을 이루 말할 수 없이 체험합니다. 또 프로 음악가는 그 기술의 유지와 향상을 위해 매일 피나는 연습을 수없이 합니다. 이상과 같이 우선 성공한 사람은 우선 충분한 준비 하에 연구와 훈련으로 몇 년, 몇 개월을 소비하고 그리고 과감한 결단력을 갖는다는 것입니다. 만약 당신이 이 결단력을 갖고 있다고 한다면 당신이 그것을 키우고 싶다고 생각한다면, 틀림없이 이 비즈니스에서 성공할 수 있습니다. 그리고 그와 동시에 자신을 한번 스케일 큰 인간으로 바꾸어 갈 수도 있습니다.

단순히 임시 수입을 얻고 싶다고 생각하는 사람, 임시 수입에서 끝나지 않고 독립된 사업을 확립하고 싶다고 생각하고 계신 분등 비즈니스 스타일은 여러 가지이지만 암웨이 세일즈 마케팅 플랜의 근저에 있는 열의와 성의는 세계 속에서 실제로 2백만 인이 넘는 여러 분야의 사람들에게 계승되고 있습니다. 자, 여러분들도 큰 결단력을 가지고 자신의 꿈의 실현과 경제적인 독립을 향해서 크게 점프하시지 않겠습니까?

엉터리 예언자에 주의하라

"지구는 우주의 중심에 있고 모든 중력의 방향이 지구를 향하고 있는 것은 명백하다."(톨 레미: 기원 2세기경에 알렉산드리아에 살았던 그리스 천문학자, 지리학자, 천동설(Ptolemaic system)을 주장했다.)

자신을 예언자라 칭하고 '진실'로 쓰여진 깃발을 흔들어 사람들에게 알리려는 사람이 어떤 시대에도 있게 마련입니다. 예를 들면 35여년 전 제이와 리치가 암웨이를 시작했을 때 분명하게 암웨이의 장래를 예언한 사람들이 있었습니다.

그들은 "세제를 팔기 위해 이런 면밀한 세일즈 마케팅 플랜이 왜 필요한 것일까요? 암웨이는 결코 계속되지 않습니다."라고 비웃었습니다. 당신의 주변에는 그러한 사람이 없었습니까? 암웨이 미팅에 처음으로 참가하여 희망에 가득차 있던 당신은 가족과 친구에게 당신의 꿈을 이야기하게 될 것입니다. 하지만 그 때 지식을 풍부하게 익힌 비즈니스 전문가가 눈살을 찌푸리며 근심스러운 듯이 당신의 실패를 예언해 주겠지요. 물론 그들은 당신을 위한 것이라고 생각하여 말해 줄 것입니다. 그러나 당신은 그 때야말로 결심하지 않으면 안됩니다.

나의 꿈을 잊어버릴까? 그렇지 않으면 성공을 목표로 하여 해야만 될 일을 끝까지 완수할까? 성공한 사람은 직관적으로 결단하는 것입니다.

획일적인 의견이나 결단에 대한 반대, 즉 장애는 극복할 수 있다는 것을 성공할 사람들은 이미 알고 있기 때문입니다. 언제나 장애를 넘어 그들은 앞으로 나아가는 것입니다. 암웨이 디스트리뷰터가 됨으로써 당신은 성공자의 길을 선택히는 것입니다. 현재 당신과 당신의 미래와의 사이를 가로막고 서 있는 몇 가지의 장애를 극복하는 것이 인생에 있어서 가치가 있기를 당신은 원하는 것입니다.

이 결단의 시기에 당신의 운명을 실제로 통제하는 사람은 오직 한 사람만 있을 뿐입니다. 그것은 예언자가 아닙니다. 당신의 운명을 통제하는 것은 '당신 자신' 입니다.

마음의 문을 열 것

디스트리뷰터가 될 때는 누구든지 의기양양해 집니다. 하지만, 가능성은 있으면서도 무대 체질이 못되어 "나는 절대 안된다."라고 생각하는 사람도 있습니다.

그러한 사람에 대해서 다음 6단계의 방법을 권하고 싶습니다.

① 어느 것이든 하나의 제품을 선택하여 충분히 연구할 것. 판매 촉진 자료를 읽고 그것을 사용하여, 제품 특징을 알아냅시다. 그리고 데몬스트레이션 방법을 연구하여, 스스로 자연스럽게 될 때까지 연습합시다.

② ①을 완전하게 마스터하면, 즉시 누군가에게 자신의 데몬스트레이션을 보여줍시다. 친구나 친척에게 연락하여, 가능한 한 빠르게 보여줄 것. 연락한 그날이라면 더욱 좋습니다.

③ 약속한 일시는 반드시 지킬 것. 상대를 만나면 제품에 대한 바른 정보를 전달하여 데몬스트레이션을 해줄 것. 그리고 주문을 받으면 도착 일과 지불 일에 대해서도 물론 정해 둡시다.

④ 이렇게 하여 한 사람 한 사람 순서대로 똑같은 것을 10회, 20회 반복하면 되는 것입니다. 여유가 된다면, 그 사이에 다른 제품에 대해서 공부해 둡시다.

⑤ 한국암웨이로부터 제품을 구입하여 약속 일정에 전달합시다. 제품의 라벨에 표시되어 있는 사용 방법과 주의 사항

을 설명하고 판매합시다. 그리고 다른 제품을 데몬스트레이션하여 새로운 주문을 받아 냅시다.

⑥ 이상의 것을 반복해 가면 어느새 비즈니스는 운영되어 갑니다.

제 2단계가 가장 넘기 어려운 단계인 것은 확실합니다. 필요하다면 스폰서가 함께 따라와 줄 수 있도록 합시다. 다이렉트 세일 세계에는 '가장 어려운 것은 자신 속에 있는 마음의 문을 여는 것'이라는 속담이 있습니다. 그리고 그것을 열기 위한 스폰서의 역할 또한 중요합니다.

출발에서 정속 주행으로

전문 기사의 이야기에 의하면 자동차를 출발 시킬 때 소비되는 연료량은 똑같은 차로 1마일 정속 주행할 경우의 소비량보다도 많다고 합니다. 이것은 관성의 힘을 뒤엎는데 그것을 유지하는 것보다도 많은 에너지를 필요로 하기 때문입니다.

그것은 또 암웨이 제품의 다수가 재구매를 목적으로 만들어져 있는 이유이기도 합니다. 예를 들면 크리너류와 퍼스널케어 제품, 이러한 것은 소모품이고 다 써버리면 또 구입할수 있는 것입니다. 그리고 몇 번이라도 그것을 반복하면 언젠가는 거의 자동적으로 팔리게 되는 것입니다. 이에 관하여 어떤 디스트리뷰터는 다음처럼 말하고 있습니다.

"이러한 제품은 한 번 팔리면 되는 것입니다. 그 후는 자동적으로 팔릴 수 있기 때문이지요. 고객이 있는 곳에 정기적으로 얼굴을 내밀기만 한다면 그것으로 되는 것이지요."

물론 제로 상태인 제품의 재주문을 취할 것이라는 목적만으로 고객이 있는 곳에 가서는 안됩니다. 암웨이 제품은 대단히 다양하며 풍부하지만 고객은 이미 암웨이 제품을 사용하고 있기 때문에 품질의 좋고 나쁨은 충분히 실증되었기 때문에, 암웨이 제품을 수용해 주는 길은 이미 포장 도로가 완비되어 있다고 말해도 좋을 상태인 것입니다. 때문에 같은 고객에게서 많은 제품을 그러나 보다 적은 노력으로 판매할수 있습니다. 왜냐하면 가장 큰 노력을 요하는 시기라는 것은 실은 제일 처음의 시기이기 때문입니다.

자, 이 '제일 첫번'을 확립하기 위해 당신 스스로를 격려함과 동시에 자신이 스폰서한 디스트리뷰터들을 격려해 주십시오. 제일 처음의 판매, 제일 처음에 스폰서한 디스트리뷰터, 그리고 제일 처음의 설득에 힘을 기울이십시오.

한번 그것을 확립하여 비즈니스가 시작되면 이미 그것은 '정속 주행'에 계속 들어가게 된다고 하는 것임을 이제 아시겠지요.

후원 활동과 당신

디스트리뷰터 가운데는 알지도 못하는 사람에게 암웨이 비즈니스 이야기를 한다고 할 때 불가능한 일을 하는 것처럼 생각하는 사람이 있습니다.

당신이 처음으로 만나는 사람에게 자기 마음을 열고 '큰 꿈'에 대해 이야기를 나눠야만 한다고 생각하면 갑자기 기가 죽지는 않을까요? 혹시나 자기 자신이 웃음거리가 되지 않을까 걱정하기도 할 것입니다. 디스트리뷰터가 될 것으로 예상한 사람은 아직 '암웨이 비즈니스에서 인생을 바꿀 힘이 있다.'는 것을 모르는 것입니다. 하지만 당신이 암웨이 비즈니스에 대해 충분히 설명할 때 다시는 웃거나 하지는 않습니다. 사람은 누구나 '수입을 늘리는 방법'에 대해서는 웃을 수가 없기 때문입니다.

당신은 암웨이의 세일즈 마케팅 플랜에 허점이 있는 것은 아닌지. 그것이 지적된다면 답변을 못하게 되지는 않을까 하며 불안해 하지는 않습니까? 그런 일은 결코 있을 수 없습니다. 암웨이의 35년간에 걸친 끊임없는 성공이 무엇보다도 그것을 설명하고 있습니다. 암웨이의 세일즈 마케팅 플랜은 누구에게나 공명 정대하고 진가를 계속 발휘해 주는 것입니다.

당신은 당신이 스폰서한 사람과 개인적으로 성격이 맞지 않을지도 모른다고 암웨이 사업을 시작하는 것을 주저하는 경우가 있었을지도 모릅니다. 예를 들어 실제로 그러하다 해도 암웨이 세일즈 마케팅 플랜이라면 그것을 해결해 줄 것입니다.

당신의 성격을 상대의 욕구에 맞추려면 플랜 자체의 힘으로 서로의 성격차에 의한 갈등을 해소시켜 버릴 수 있기 때문입니다. 스폰서 활동은 당신의 암웨이 비즈니스를 성공시켜 가기 위해서 매우 중요하고 가치 있는 일입니다. 톱 글라스의 디스트리뷰터는 스폰서 활동이야말로 수익의 가능성을 확대시키고 다른 사람의 꿈을 실현하는 것을 도와준다고 생각하고 있습니다.

기본은 소매 활동

아시는 바와 같이 암웨이 세일즈 마케팅 플랜은 갖고 있는 자산이 한정되어 있는 사람중에서 비즈니스를 하고 싶다는 의지만 있으면, 누구라도 시작할 수 있는 플랜입니다.

단, 여기에서 중요한 것은 일에 대한 신중한 자세입니다.

암웨이 비즈니스는 투자의 기회가 아닙니다. 암웨이 비즈니스라는 것은 일을 신중하게 하고 싶어하는 사람들에 대한 비즈니스의 기회를 말하는 것입니다.

암웨이가 '윤리 강령, 행동 지침'을 암웨이 규정으로써 설정하고 있는 것은 바로 이 때문입니다. 암웨이 세일즈 마케팅 플랜은 단 하나밖에 존재하지 않고, 그 기초는 말할 것도 없이 '소매 활동'과 '스폰서 활동'입니다.

어느 경우에라도 소매 활동이 없어질리 없습니다. 소매 활동이 없다면 암웨이 비즈니스는 성립되지 않는 것입니다. 또 디스트리뷰터 가운데는 '너무 바빠서' 소매 활동이 불가능하다고 말하는 사람이 있습니다. 그러나 암웨이 비즈니스로 성공한 디스트리뷰터들은 매우 바쁘더라도 자신의 고객을 정기적으로 방문하고 있습니다. 그럼으로써 다른 디스트리뷰터의 좋은 본보기가 되고, 또한 사람에 대한 감각을 익히는 것입니다. 그들이 톱 디스트리뷰터라고 하는 것은 이런 점에서 분명한 것입니다.

하여간 여러분도 '소매 활동'이 암웨이 비즈니스의 기본인 것을 여기에서 재확인해 주십시오.

DD 배지는 돈으로 살 수 있는 것이 아닙니다

암웨이 DD 배지는 돈을 내고 살 수 있는 것이 아닙니다. 배지는 모두에게 드리는 것입니다. 물론 그러한 가치가 있는 사람에게만 드리고 있는 것입니다. 암웨이 디스트리뷰터가 DD 배지를 획득한다고 하는 것은 그 사람들이 암웨이 비즈니스에 있어서 중요한 이정표에 도달했다는 것을 의미합니다. 이제까지의 노력이 인정되어 경제적인 자립에도 한 걸음 다가서고 리더로써의 보수도 얻을 수 있는 것입니다. 그러나 동시에 새로운 책임도 부여됩니다. 결국 암웨이 DD로써 존경받고 그룹 디스트리뷰터의 본보기가 되어야 힌다는 깃은 두말할 필요도 없습니다.

그들 자신의 비즈니스가 자연스럽게 될 수 있도록 적절한 제안과 충고를 할 수 있어야만 합니다.

그렇습니다. 암웨이 비즈니스에 있어서는 자기 자신의 성장만으로는 불충분합니다. 당신 그룹의 여러 사람들이 성공할 수 있도록 지원해 줄 수 있을 때라야 비로소 진실된 디스트리뷰터로서 대성할 수 있는 것입니다.

DD 자격을 달성하는 것은 이처럼 간단한 것이 아니라는 것을 아셨으리라 생각합니다. 그리고 그동안 몇 천이라는 열성적인 디스트리뷰터가 그 자격을 얻었으며 이제까지보다 더 많은 DD를 탄생시킬 것임에 틀림없습니다.

그리고 우리들은 당신이 암웨이 비즈니스를 완전히 이해하여, 그에 맞게 노력하고 DD가 되어 DD 배지를 자랑스럽게 달고 다닐 수 있는 날이 올 것을 확신합니다.

나도 사용하고 있습니다

암웨이 제품에 대하여 당신이 확신을 갖고 설명할 수 있는 것은 많이 있습니다. 그러나 그 가운데 가장 확신에 찬 말은 무엇일까요. 그것은 "나도 사용하고 있습니다."라는 한마디입니다. 당신은 이 말이 가장 중요한 것이고 고객에게 꼭 전해야 한다는 것을 알고 계십니까?

우선 고객은 당신 자신이 경험으로 얻은 것을 설명하면 믿어 줄 것입니다. "말만 앞세운 좋은 제품이다."라고 말하는 것이 아닌, 당신 자신이 암웨이 제품이 정말로 좋다는 것을 확실히 설명하는 말, 즉 당신 자신의 평가를 신중하게 상대에게 전해 주는 것입니다.

다음에 그 확신은 고객의 제품에 대한 신뢰를 더욱 불러일으키게 됩니다. 결국 당신이 제품을 정말로 사용하고 있다면 사용자의 기분도 잘 이해할 것이고, 고객 입장에서 생각할 수도 있을 것입니다. 당신은 그 때 단순히 판매자의 한사람이 아니라 고객의 친구라는 느낌을 주게 되는 것입니다.

"나도 사용하고 있습니다."라는 한마디 속에서 이와 같은 중요한 의미가 포함되어 있다는 것을 알 것입니다.

아시는 바와 같이 암웨이 제품의 다수는 간단한 데몬스트레이션이 가능하고, 하다 못해 당신 자신이 그 제품을 써 본 적이 없어도 제품 판매가 가능하도록 제품의 설명을 간단하게 요약한 라벨을 붙여, 고객으로부터 많은 질문을 받지 않고 끝낼 수 있도록 되어 있습니다.

그러나 만약 당신이 자신의 제품을 설명하고 있는 말에 어떤 의미가 있어 그것이 제품을 설명하는데 효과를 올릴 것으로 생각한다면 자신을 가지십시오. 그러면 많은 제품을 팔 수 있을 것입니다. 그리고 당신 자신이 제품을 사용해 본 결과 또 다른 좋은 점이 발견된다면 당신 그룹의 사람들을 '사용해 보자'라는 분위기로 이끌 수 있다는 것입니다.

당신이 본보기를 보이면, 그들은 당신에게 끌려옵니다. 암웨이 비즈니스를 함으로써 매우 좋다는 것을 그들에게 말할 필요도 없습니다.

톱리더의 이정표

우리들은 암웨이의 새로운 디스트리뷰터가 탄생할 때마다

미래의 크라운 앰배서더DD, 즉 미래 암웨이의 톱리더를 맞는 기분으로 축하하고 있습니다. 그러나 그러한 기분을 갖게 하는 새로운 디스트리뷰터 모두가 장래의 암웨이 톱리더로서 끝없는 희망, 책임, 지도성을 모두 겸비했다는 것은 아닙니다. 그렇기 때문에 우리들은 여러분들 중에 새로운 DD가 탄생했을 때가 바로 여러분들이 미래의 톱리더가 되기 위한 중요한 이정표라 생각하고, 주목하고 있는 것입니다.

DD는 암웨이 비즈니스의 중추이고 DD가 되는 분은 사업의 수완을 최대한 발휘하여 많은 사람들의 신뢰와 존경을 받아야만 합니다. 또한 그 경험과 실적을 다른 사람들에게 효과적으로 전달하는 것도 필요합니다.

이렇게 하여 새롭게 DD로 올라선 분에게 암웨이는 최대한의 경의를 표시하고 있습니다. 예를 들면 모든 DD는 뉴 DD 세미나에 초대되고, 암웨이의 간부와 상담할 수 있는 기회를 얻습니다. 또한 아마그램에는 DD의 사진과 이름을 게재하여 그 자격을 소개합니다. 그리고 암웨이는 DD와 직접적인 연락을 취하면서 보다 긴밀한 관계를 확립해 갑니다. 그래서 암웨이는 여러분들에게 DD가 되기 위한 '서약(Commitment)'를 부탁드리고 있습니다. DD 배지의 획득은 암웨이 사업의 중요한 일보(一步)이며 우리들은 이 목표를 향해 나아가는 모든 디스트리뷰터들이 가까운 장래에 DD가 될 수 있다는 것을 확신시켜 줍니다.

일을 당신의 취미로 하십시오

혼히 사람들은 자조적인 기분으로 "취미에 빠질 때처럼 생기는 열성이 일할 때도 생길 수 있다면…"이라고 말합니다. 결국 취미라면 열심히 하는데 일이라면 열의가 생기지 않는다는 것이 인간의 일반적인 경향이라고 말할 수 있을 것입니다.

그러나 이것은 암웨이 사업에 해당하는 디스트리뷰터에게는 그다지 들어맞지 않습니다. 그 이유는 대개의 사람들은 일보다 취미 쪽이 큰 기쁨을 준다라고 느끼고 있는데 비해 암웨이 디스트리뷰터들은 이 비즈니스를 열심히 하게 되면 취미와 똑같을 만큼 혹은 그 이상의 기쁨을 얻을 수 있다는 것을 알고 있기 때문입니다.

그러면 암웨이 비즈니스는 어떻게 해서 아무런 훈련도 받지 않은 경험도 없는 사람들에게 그처럼 큰 기쁨을 주는 것일까요. 그것은 이 비즈니스가 취미처럼 자신의 만족에 이르지 않고 제품을 구입한 상대에게 만족과 기쁨을 준다는 확장성을 갖고 있기 때문입니다. 암웨이 비즈니스 성공자는 판매자로서의 노하우는 알지 못했을지도 모르지만 사람을 기쁘게 하는 것은 잘 알고 있었던 것입니다.

그리고 실제로는 그 노하우란 것이 소매 그 자체이고 소매의 프로에게 있어야 할 자세입니다. 만약 당신이 지금 비즈니스보다도 취미 쪽이 재미있다고 느끼고 있다면 약간 시점을 바꿔 양쪽을 견주어 고쳐 보시지 않겠습니까?

암웨이 비즈니스의 프로가 된다는 것은 취미보다도 훨씬 매력적인 것을 발견하는 것입니다.

누구라도 톱(Top)이 될 수 있다

암웨이가 세일즈 마케팅 플랜에 있어서 항상 큰소리로 주장하는 것의 하나는 누구라도 톱에 설 수 있다는 것입니다. 이것은 이론적으로는 누구든지 알고 있고 또 그것을 실행할 수 있는 사람도 있습니다. 예를 들면 유능한 디스트리뷰터를 만나 보면 확실히 "톱에 설 수 있을 것이다."라고 열심히 격려합니다.

어느 스폰서들은 능력이 있다고 기대되는 사람들을 위해서 자신의 충고를 정리한 '리더십 능력 개발 안내서' 같은 것을 만들기도 합니다. 하지만 더 경험이 풍부한 스폰서라면 그러한 것은 무의미하다는 것을 알고 있을 것입니다. 왜냐하면 능력이라는 것은 주어지는 것이 아니고 마음속에 있는 것이기 때문입니다. 사람은 인생에 대하여 각자가 다른 생각을 가지고 있습니다. 어떤 사람은 평범한 일이지만 그럭저럭 장래도 건실하고 걱정 없는 일일 거라고 간단하게 생각해 버립니다. 또 어떤 사람은 독립하여 자신의 일을 쌓고 싶다고 생각하고 있습니다. 그렇습니다. 누구든지 모두 다른 개성, 다른 사고 방식을 갖고 있는 것입니다.

만약 당신이 리더라면 남에게 당신과 꼭 똑같은 것을 하게 하려고는 생각하지 않을 것입니다. 그리고 만약 당신이 '나에게는 톱에 선다는 일 따위는 무리'라고 생각하고 있다면 훨씬 당신 자신을 신뢰해야 할 것입니다. 당신에게도 당신 특유의 방법으로 톱이 될 가능성이 있는 것입니다. 그러므로 그 가능성은 '디스트리뷰터가 각자 독립한 사업주다'라고 하는 암웨이 세일즈 마케팅 플랜으로 활성화시켜야 할 것입니다.

소매의 진수

취미에 열중하는 사람이 많지만 그들의 대부분이 '제작자'인 것을 아십니까? 수예, 목공예, 원예 등 그들은 자신의 흥미에 대하여 정말로 열중합니다. 왜냐하면 거기에는 만드는 것의 만족감을 맛본다는 즐거움이 있기 때문입니다. 그렇게 해서 완성된 작품이라는 것은 대개 누군가에게 줍니다. 그 이유는 '판매하는 일은 대단한 어려운 일이다.'라고 생각하고 있기 때문입니다.

만드는 것은 '즐거움'이라고 보여지는 쪽이 많은데 반해 소매의 경우는 '일'이다 라고 보여지는 이유는 왜일까요. 또 소매가 정말로 그 같이 중요한 일이라면 이 만큼 많은 디스트리뷰터가 판매원으로써 훈련도 쌓지 않고 경험이 없음에도 불구하고 대성공을 거두는 것은 무엇 때문일까요.

취미에 열중하는 사람이 자신의 손으로 작품이 만들어지는 것을 보면서 큰 만족감을 얻는다는 사실은 의심의 여지가 없습니다. 그러나 무엇을 제작할 것인가는 자신이 선택하며 그 결과에 만족하는 것도 자기 자신입니다.

소매의 경우는 그것과는 약간 다릅니다. 성공이냐 아니냐는 타인이 만족할까 만족하지 못할까에 달려 있는 것입니다. 또한 판매하는 품목을 선택하는데 있어서도 고객에게 매력을 주지 않으면 안됩니다.

대단히 많은 디스트리뷰터가 성공하고 있는 것은 우선 첫번째로 인간에 대해 생각하고 있기 때문이며 그 자세를 계속 가져왔기 때문입니다. 이 사람들은 '판매 철칙'과 같은 지식을 갖고 있지 않을지도 모릅니다. 그러나 인간에 대해서는 알고 있는 것입니다. 그리고 사람들에게 만족을 줄 수 있는 방법을 알고 있다는 것, 그것이 바로 소매의 진수입니다.

이윽고 자신의 작품이 자신의 비즈니스와 수익을 얻을 찬스로써 다가왔을 때 자기 손으로 성장하는 모습을 여러분도 지켜보게 되는 것입니다.

암웨이 비즈니스를 언제부터 전업으로

암웨이 비즈니스를 전업으로 하는 시기는 통상 DD가 됐을 때라고들 합니다. DD가 되면 어느 정도의 수입이 보증되기 때문에 더 많은 시간을 자유로이 사용하여 다른 사람들도 자신과 똑같은 핀 레벨에 이를 수 있도록 도와 줄 수 있기 때문입니다.

물론 여러분 모두가 그렇다는 것은 아닙니다. 새로운 DD의 다수는 펄DD, 더 나아가서는 에메랄드DD가 되는 것을 기다리면서 이제까지의 본업을 그만두려고 생각하지 않는것 같습니다. 그 가운데는 그러한 의사가 완전히 없는 사람들도 있습니다. 프로로써 자신의 직업에 애착을 갖는 사람들은 암웨이 비즈니스를 본업을 지탱시켜 주는 부업으로 간주하는 경향이 있습니다. 암웨이 비즈니스의 수입 쪽이 본업의 수입 쪽을 능가하는 경우에도 그러한 것입니다. 그것까지는 괜찮습니다. 걱정되는 것은 너무나도 빠른 시기에 암웨이 비즈니스를 전업으로 하려고 하는 사람들입니다. 이 사람들은 자신이 싫어하는 일로부터 도망쳐 나와 자! 이제부터 매일 8시간, 아니 하루만이라도 암웨이 비즈니스에 열중하자라고 계획하는 것입니다. 1일 8시간 노동이 현실적으로 가능하지만 도저히 그렇게는 보이지 않을 경우가 자주 있는 것입니다. 스스로 자신을 관리하는 것이 가능하게 될 때까지는 한참 동안 훈련을 요하기 때문입니다.

그 훈련 중에서도 비즈니스가 돌연 슬럼프에 빠지는 일도 있습니다. 슬럼프라고 하는 것은 통상적으로 일시적인 것에 지나지 않습니다. 전업이 아닌 디스트리뷰디라면 어쨌든 견딜 수 있는 것입니다. 그러나 일에 너무 열심인 전업 디스트리뷰터에게는 대재난으로 보이는 것입니다. 아무것도 잘되지 않고 자신의 비즈니스 세계는 붕괴되어 갑니다. 거기에서 암웨이를 비난하면서 피신처를 찾게 되는 것입니다.

그리고 대부분의 경우, 암웨이 비즈니스에서 손을 떼게 되는 것입니다. 이런 일들이 당신 자신과 당신이 후원한 디스트리뷰터들에게 일어나서는 안됩니다. 때문에 암웨이 비즈니스의 수입이 본업의 수입을 적어도 3개월 연속하여 상회하게 되기까지는 지금 상태에서 멈추어 주십시오.

만약 그것이 달성될 수 있다고 해도 확신이 서지 않는다면 조금 더 기다려 주십시오. 대부분의 경우, 전업 디스트리뷰터가 된다고 하는 것은 그 사람에게 있어서 큰 일보를 내딛는 것이 됩니다. 때문에 그 일보야말로 무리 없는 일보가 되어야 할 것입니다.

레벨 업의 조건

어떻게 하면 자신을 레벨 업 시킬 수 있을까요?

이것만큼 어려운 질문은 없습니다. 그전에 자기 자신의 삶의 방식, 행동의 가치를 새롭게 물어 보지 않으면 안됩니다. 또한 우리들 한 사람 한 사람이 지금 이상으로 선량한 인간, 선량한 친척, 좋은 친구, 선량한 시민이 될 수 있는가 하는 것을 질문 받게 됩니다.

암웨이 비즈니스의 존재 이유가 이 질문에 대한 답변이라고 할 수 있습니다. 여러분은 암웨이 디스트리뷰터로서 자유와 자유 기업을 지키기 위한 가장 활동적인 조직의 일원이라고 하는 것을 자각해 주십시오. 그리고 이 다양한 비즈니스의 추진력을 갖기 위하여 자신이 레벨 업 하는 것은 가능하다고 인식해 주십시오. 단, 그것을 위해서는 자신 속에 잠재

한 태만과 의심, 실패에 대한 두려움 등은 없애야 할 것입니다. 암웨이 비즈니스가 주는 인생의 변혁의 힘을 살리는 것은 자기 능력에 대한 자신과 신념인 것입니다.

다음으로 신념을 행동으로 옮기지 않으면 안됩니다. '암웨이 비즈니스의 훌륭함을 누군가에게 전달하자' 라든가 '암웨이 제품을 많은 사람들에게 소개하자' 라는 의지를 갖는 것으로 계속적인 행동을 불러일으킵니다. 최후에 자신의 능력을 믿고 행동에 옮길 수 있다면 자기 자신이 레벨 업 될 것임에 틀림없습니다.

암웨이사는 희망, 힘, 찬스라는 암웨이의 선물을 35년전부터 수 많은 사람들에게 나누어주고 있습니다. 오늘날 디스트리뷰터의 수는 200만 명을 넘습니다. 35년만에 두 사람이 200만 명으로의 확대가 가능한 것입니다.

사람들은 누구든지 생활을 보다 좋은 방향으로 바꾸어 가는 힘을 가지고 있습니다. 사람들 가운데 잠재되어 있는 인생 변혁 능력을 일깨우는 힘도 가지고 있으며 자신의 운명을 스스로 지배할 찬스도 가지고 있습니다. 그는 단지 이렇게 밀할 뿐입니다.

"가능하다. 해보자. 해보지 않으면 안된다."

기록은 당신의 손으로

스포츠 분야에서 신기록이라고 하는 것은 일단 깨지면 계속하여 2번, 3번 깨질 수 있다는 것을 알고 계십니까? 어떤 경기의 기록도, 최고득점도, 타임 레코드도 언젠가는 누군가가 갱신합니다.

일찌기 1마일 경주의 '4분벽'이라는 것을 기억하고 계십니까? 당시 전문가는 인간이 그것을 넘는 것은 불가능하다고 했지만 로쟈 바니스타가 그것을 달성했고, 그 이래로 그 벽은 지금에 이르기까지 계속 갱신되고 있습니다. 그런데 오랫동안 누구도 깰 수 없었던 기록이 한 번 깨진 후에는 누구라도 달성 가능한 기록처럼 누구에게도 간단한 것으로 보여지는 것은 왜일까요.

한번의 훈련으로도 진보를 알 수 있지만, 그 이상으로 큰 것은 목표 설정을 변경해야 되지 않을까요. 1마일 경주의 경우 선수들이 '4분벽'을 넘는다는 것을 불가능하다라고 믿고 있으면 목표는 가능한 한 4분에 가깝게 될 것입니다. 하지만 바니스타가 그 벽을 넘어 버리면 자신들에게도 가능할 것으로 생각하는 것입니다. 그후에 실제로 해 보면 그대로 된다는 것입니다. 목표 설정을 바꾸는데 따라서 당신도 새로운 기록을 창출할 수 있는 것입니다. 그것이 불가능한 것이 아니라는 것을 당신도 아실 것입니다. 그 목표는 이미 누군가가 여러 번 달성해 온 것이기 때문입니다.

암웨이에서의 '로쟈 바니스타'는 빼놓을 수 없는 사례입니다. 정신차려 결심만 한다면 당신이 그 한 사람이 될 것은 틀림없습니다. 예를 들면 스폰서와 그룹의 회원 또한 고객까지도 당신에게서 아주 먼 곳에 떨어져 살고 있다 해도 그것은 가능합니다. 실제로 우리들은 보았습니다.

이것은 중요하리라 생각될 만큼 디스트리뷰터들이 그것을 가능하게 해 왔습니다. '당신도 가능합니다' 라는 이 한마디, 한층 더 확신을 갖게 되는 것입니다.

자, 깨고 싶은 기록을 몇 개 정도 선택해 보지 않겠습니까? 그에 맞추어 자신의 목표를 정하는 것입니다. 어떤 기록을 선택하는 것이 제일 좋을까요?

그것은 우선 당신의 기록입니다.

3

당신과 당신 그룹 전체를 위하여

우리가 사업가로 성공하기 전에 우리를 이끌어 주었던
훌륭한 리더들이 있었음을 기억합니다.
디스트리뷰터로 활동한 지 얼마 되지 않았을 때
우리는 우리가 성취하고자 하는 것을 이미 성취한 사람 중에서
존경할 수 있는 사람을 찾아내야만 했고,
우리가 목표에 도달할 때까지 도움을 요청했습니다.
이제 여러분은 어느 정도 성공을 거두었고
더 큰 성공을 향해 질주하고 있습니다.
그동안 자신도 모르는 사이에 많은 다운 라인들이 생겼고
그들의 노력으로 한 단계씩 레벨을 높일 수 있었습니다.
그렇다면 당신과 당신의 그룹은 일치된 팀워크를 가지고
암웨이 비즈니스를 하고 계십니까.
무엇이 당신과 당신의 그룹에게 중요한지 가슴으로 느낄 때입니다.
사랑이 없는 성공은 완전할 수 없습니다.

당신에게도 가능하다

달성- 이 말의 실제 의미는 실현 불가능일 것이라고 생각되는 문제에 직면했을 때에 이것을 완수해 내는 것이라고 생각됩니다. 미국에서 20여년 전에 디스트리뷰터의 보너스 취득 조건을 그전보다도 엄격한 조건으로 개정했을 때가 있었습니다. 이 개정에 의해 목표 달성이 보다 어려워졌다는 의미로 디스트리뷰터 모두로부터 '설정된 수치가 지나치게 높다.' 라고 말하는 사람들이 많았습니다.

특히 크라운DD의 자격에 관해서는 '레벨이 너무 높아 누구도 달성할 수 없을 것이다.' 라고 생각했던 사람들도 있었습니다. 양자의 차이는 '해보자.' 라고 생각했던가, 또는 '어렵지 않은가' 라고 생각하는 점에 있습니다. 목표를 달성한 사람도 필시 처음 한동안은, '이것은 불가능한 계획이지만 한번 입증해보자.' 라고 생각했을 것입니다. 하지만 비즈니스를 계속하는 가운데 '더 해보자' 라는 기분으로 발전했을 것입니다.

그들은 이제까지 그 이상으로 노력했습니다. 신중히 노력하고 있을 때 사람은 처음 마음으로 돌아간다고 합니다.

이것은 진리입니다. 신중한 노력만이 당신을 초심(初心)으로 돌아갈 수 있게 할 수 있는 것입니다. 그것을 잊지 말고, 당신도 자신의 목표를 지향해 주십시오.

'달성' 은 높은 벽을 뛰어 넘는 것처럼 단 한번의 노력으로 얻을 수 있는 것은 아닙니다. 오히려 계단을 1단씩 올라가는 듯한 부단한 노력이 요구되는 것입니다.

그리고 암웨이 비즈니스에서는 그 한 걸음 한 걸음이 수입이 증가하는 형태로 보상되어집니다. 우리들은 당신이 표창 받는 사진을 에이다 본사 로비에 장식할 수 있기를 염원하고 있습니다. 당신에게는 그것이 가능할 것입니다.

디스트리뷰터들의 공통된 아름다움

당신이 스폰서할 상대는 특별히 한정되어 있지 않겠지만 그때 잊지 않아야 될 것이 있습니다. 그것은 성공한 디스트리뷰터에게는 공통되는 아름다움이 4가지가 있다는 것입니다.

① 지성: 이해가 빠른 만큼 성장도 빨라서 당신에 대한 여러 가지 도전도 많아지게 될 것입니다. 그리고 그것은 당신에게 있어 의미 있는 것입니다.

② 적극적인 자세: 쾌활한 낙천가만이 전진할 수 있습니다. 또 함께 있어 즐거운 분위기를 만들어 줍니다.

③ 정열: 반드시 필요합니다. 그리고 가장 유지하기 어려운 것이기도 합니다. 그러나 중요한 것은 '정열은 전염된다.'라는 것입니다. 당신에게서 정열이 방사되면, 다른 사람은 '그 정열에 취해 버린다'는 것입니다.

④ 정직: 말할 것도 없습니다. 마음과 마음을 연결하는 근본입니다. 물론 비즈니스의 기본이기도 합니다.

그러나 주의하십시오. 처음부터 이러한 것들이 갖추어져 있어야 한다고 속단하지 말아 주십시오. 암웨이 바람(또는 당신의 영향)을 맞으면, 그 사람으로부터 이러한 아름다움들이 자연스럽게 얼굴을 들게 될 것이기 때문입니다.

당신에게는 모든 프로스펙트들로부터 그 사람이 가진 본래의 장점을 소개할 기회를 적어도 한번은 줄 가치가 있는 것입니다. 당연하게도 모든 디스트리뷰터들이 자기 자신의 장점을 이유 여하를 불문하고 자기들의 리더가 갖고 있는 훌륭한 면일 것이라고 기대하고 있습니다.

미스터 암웨이라고 사람들은 부른다

스폰서 가운데는 세일즈 마케팅 플랜을 글자 하나 틀리지 않고 완전히 똑같은 방법으로 설명하는 사람이 있습니다. 그 가운데는 그러한 방식을 너무 '기계적이다' 해서 매번 다르게 설명하는 사람도 있습니다. 어느 쪽이 좋은 것일까요? 사실을 말하면 이 질문 자체는 요점에서 떨어져 있습니다. 어쨌든 설명이 끝난 후, 각각에게 '스폰서 활동 안내'를 전하는 것이 중요합니다. 스폰서 활동이라는 것은 개인을 후원하는 업무입니다. 프로스펙트(예상 고객)에게 있어 당신의 존재는 아주 중요합니다. 당신이 그들에게 바라는 것은 암웨이의 참가만은 아닙니다. 그 경우 당신이 말하는 것보다 당신이 하는 쪽이 보다 중요한 의미를 갖습니다. 때문에 중요한 것은 세일즈 마케팅 플랜, 회사 제품 등에 대하여 자신이 말한 것 모두를 증명하는 것입니다.

예를 들면 플랜을 설명하는 데에 그림을 그리거나 제품의 데몬스트레이션을 보이거나 아마그램을 보여줄 필요가 있습니다. 확실한 증거를 많이 보여주는 만큼 프로스펙트의 마음에 강한 신뢰감을 쌓을 수 있습니다. 암웨이 세일즈 마케팅 플랜과 제품에 대한 신뢰, 그리고 무엇보다도 자신에 대한 신뢰를 확고히 가지십시오.

승리의 의지

성공한 디스트리뷰터들에게서 공통적인 자질을 하나만 고른다면, 그것은 의지입니다. 비즈니스를 계속 유지하고 장애를 헤쳐 나간다는 의지이고, 시작한 비즈니스에 대해서 반드시 성공하겠다고 하는 의지입니다. 시작한지 얼마 안되는 디스트리뷰터는 결의만 있으면 충분하고, 그 이상의 것은 아무것도 필요 없다고 생각하기 쉽습니다. 그러나 언젠가는 벽에 부딪힐 것입니다. 그리고 또 언젠가는 그것을 넘어 결국에는 목표를 달성할 수 있게 됩니다.

미국에서의 이야기인데 어느 에메랄드DD의 매우 좋은 예가 있습니다. 이 부부는 다이아몬드DD를 목표로 하고 있었습니다. 그리고 다이아몬드DD를 목전에 두었을 때 불행하게도 그룹의 다운 라인DD가 돌연 사망해 버린 것입니다. 그 그룹은 충격을 받아 에메랄드DD로써 제공할 수 있는 것을 모두 했음에도 불구하고 자연스럽게 해체되어 버렸습니다.

게다가 엎친 데 겹친 격으로 어떤 한 그룹의 남편이 자동차 사고로 몇 개월씩이나 일을 할 수 없게 되어 버렸습니다. 그럼에도 불구하고 그 그룹은 다이아몬드DD를 계속 목표로 했습니다. 그러나 좀처럼 조건을 만족시킬 수 없었습니다. 이에 겨우 달성됐다 생각했을 때, 단순한 계산 차이로 40달러 정도 부족했다는 것을 알았습니다. 그러나 그래도 포기하지 않고 열심히 했고, 반드시 달성할 것이라고 이전부터 입을 모아 DD들은 격려했던 것입니다. 결국 옳았던 것은 그 부부였습니다. 결국 목표를 달성했던 것입니다.

그때 많은 DD가 있었기 때문에 에메랄드DD에서 단번에 더블 다이아몬드DD를 달성해 버린 것입니다. 이것이 '결의한다' 라는 것입니다. 승리에 대한 의지입니다. 그것을 키우면 당신은 승리를 쟁취할 수 있을 것입니다.

다이아몬드는 바로 당신의 뒤뜰에

실제 우리들이 알고 있는 다이아몬드DD들은 이제까지 자신들이 생활하고 있는 장소에서 암웨이 비즈니스를 시작하고 있습니다. '인생의 새로운 시작' 을 위하여 신천지를 찾아 다른 도시로 옮기거나, 심지어 외국까지 발을 뻗거나 하지는 않습니다. 즉 그들은 비즈니스를 시작하기 위하여 장소를 고르지 않고 시작하는 것입니다.

물론 그들 또한 처음부터 순조롭게 비즈니스를 확대해 간다는 의미는 아닙니다. 예를 들면 비교적 이웃의 사람들과 대화를 갖기 어려운 곳에 살고 있다던가 시골의 작은 마을에 있다던가, 가도 가도 광대한 농장뿐인 곳에 살고 있거나 하는 사람들인 것입니다. 이와 같은 환경에서 앞으로 ·그들 중 누군가가 비즈니스를 먼 곳까지 확대해 간다는 것은 틀림없습니다. 그들의 비즈니스야말로 시작된 것입니다.

처음 한동안은 누구라도 의욕적으로 질주하고 집중하기 마련입니다. 불안한 나날이 계속될 수도 있겠지요. 하지만 그렇다고 해서 성공을 위해 대도시에 갈 필요는 없습니다. 싫어하는 일에 매달릴 필요도 없는 것입니다. 또한 비즈니스가 순조로운 궤도에 오른 디스트리뷰터를 부러워하는 것은 시간을 낭비할 뿐입니다. 왜냐하면 당신의 바로 뒤뜰 몇 킬로도 안되는 곳에 '다이아몬드 배지'가 묻혀 있기 때문입니다.

암웨이 비즈니스에 있어서 성공의 비결은 운, 타이밍, 장소라는 진부한 설명이 필요 없기 때문입니다. 하지만 자신도 그렇게 됐으면 좋겠다 라는 사람들과 실제로 다이아몬드 배지를 수상한 사람들의 차이는 어디에 있는 것일까요.

그것은 그들이 자신의 뒤뜰을 거점으로 하여 아무튼 열심히 일할 사람들이라고 하는 것입니다. 특별한 비결이 있는 것은 아닙니다. 그것은 당신에게도 가능할 것입니다. 자, 파보십시오. 그렇다면 당신에게도 다이아몬드 배지가 발견될 것입니다. 당신의 바로 뒷 뜰에서.

이웃집 잔디는 언제 보아도 푸르다

미국 속담에 '이웃집 잔디는 언제 보아도 푸르다' 라는 말이 있습니다. 즉 아무리 자기 집의 잔디에 돈을 들여 손질하고 항상 멋있고 푸르게 해 두고 고급 승용차를 가지고 있어도, 공부 잘하고 머리 좋은 자녀가 있어도, 아무리 새롭고 멋진 집에 살고 있어도, 지금보다 푸르고, 보다 고급스러운, 보다 생김새 좋은, 보다 크고 멋있는 것이 있을 것이라고 하는 생각을 누구나 갖고 있기 때문입니다. 이것은 암웨이 비즈니스에 있어서도 그렇다고 할 수 있습니다.

예를 들면 자신의 스폰서를 바꾸어 보고 싶다고 편지를 써오는 디스트리뷰터가 있습니다. 특별한 그룹은 훨씬 클 것이라든가, 미팅이 즐거울 것이라든가, 보다 수입이 좋을 것이라든가, 그 이유는 가지각색입니다. 그리고 '6개월 규칙'을 빨리 폐지하고 싶다고들 말합니다.

그러나 한편으로 희망이 이루어져 다른 그룹으로 옮겨 봤지만 역시 원래 그룹으로 돌아오고 싶다고 토로하는 디스트리뷰터도 있습니다.

밖에서 볼 때는 다른 그룹들이 멋있게 보였지만 실제로 들어가 보니 차이가 없다는 것입니다. 암웨이가 본래의 스폰서체계를 중요시하려고 하는 이유를 이해하셨을 것입니다. 예를 들면 당신이 스폰서한 사람이 당신으로부터 떨어져 나간다면 어떤 느낌이 들겠습니까?

물론 그런 일은 있을 수 없다고 하시겠지요. 입장을 바꾸어 보면 일의 본질을 잘 이해할 수 있으리라 봅니다. 당신이 그룹을 바꾼다고 하는 것은 테니스 클럽을 바꾸는 것과는 완전히 다른 것입니다.

당신의 디스트리뷰터십은 본래부터 독립된 비즈니스입니다. 당신의 비즈니스는 스폰서의 것도 그룹의 것도 다른 그 누구의 것도 아닙니다. 당신 자신의 것입니다. 머지 않아 다른 사람이 당신 정원의 잔디가 아름답다고 생각할 것입니다.

성공할 때까지 몇 번이라도 시도하자

태어나서 처음으로 걸으려고 했을 때, 당신은 한 두걸음 걷다 '쿵' 하고 엉덩방아를 찧어 버리고 말았을 겁니다.

또 컵에서 물을 마시려고 했을 때는 턱받이가 푹 젖어 버렸을 것입니다. 처음으로 자전거를 타려고 할 때 곧장 진행하기는커녕 자전거를 바로 세우는 것조차 할 수 없지 않았습니까? 처음으로 많은 사람들 앞에서 이야기를 했을 때 당신은 능숙하게 말할 수 있었습니까? 누구라도 실패를 몇 번이나 경험한 뒤에야 처음으로 가치 있는 성공을 거둘 수 있는 것입니다. 축구 시합에서 한 팀은 대체 몇 번 정도 골 슛을 시도할까요? 두 세번, 아닙니다. 훨씬 더 많겠지요? 득점하기 위해서 때로는 몇 번이라도 반복 골에 도전하지 않으면 안됩니다. 역사를 돌이켜 보면 과학, 음악, 그리고 여러 분야에서 고통스러운 실패에도 굴하지 않고 노력을 계속하는 사람이 많이 있습니다.

예를 들면 케플러, 슈베르트, 처칠 등의 이름이 바로 떠오를 것입니다. 그들의 성공은 그들이 죽은 후에도 살아남아 실패했던 사실들은 잊혀지고 있습니다. 이것은 유명한 사람들에 국한된 것이 아니고 누구에게나 적용되는 것입니다. 노력을 계속하여 확실히 걸을 수 있게 되면 이제까지 실패했던 일 등은 싹 잊혀지고 떠오르지도 않습니다.

실패 그 자체는 걱정할 일이 아닙니다. 그보다 당신이 도전하려고 하지 않았기 때문에 성공이라는 것을 얼마나 놓쳐 버렸는가 하는 것이야말로 걱정해야 할 일입니다.

고객의 심리란?

암웨이 비즈니스의 톱리더로서 활약하고 있는 어떤 분이 고객의 심리에 대하여 다음과 같이 말했습니다.

"고객에게 있어서는 당신이 어느 만큼 제품에 대해 알고 있는가 하는 것보다도 어느 정도 고객의 입장이 되어 생각하고 있는가가 더 중요합니다."

암웨이의 역사를 되돌아보면 그대로 실감할 수 있습니다. 우리 암웨이 비즈니스가 성공해 온 것은 항상 고객의 입장이 되어 생각하는 것을 잊지 않았기 때문입니다.

예를 들면 당신에게 자동차 세일즈맨이 와서 새 차의 장점을 여러 가지 말하고 있습니다. 하지만 그는 말을 하고 있는 도중에 자신의 시계에 신경 쓰며 흘깃흘깃 보고 있었습니다. 경험이 있으신 분도 있을 것입니다. 정말로 열의가 있는 세일즈맨은 "작은 특징에 대해서는 팜플렛을 보십시오."라는 말밖에 하지 않습니다. 그리고 당신이 팜플렛을 다 읽었을 즈음에 돌아와서 "다음에는 당신에 대한 화제를 가지고 오겠습니다."라고 말하면서 당신의 경제 사정과 걸맞고 당신을 만족시킬 수 있는 자동차는 어떤 것인가 생각하는 것입니다. 도대체 어느 스타일이 우수한 세일즈일까요. 물론 고객의 입장이 되어 생각하는 후자의 세일즈맨입니다. 왜냐하면 고객은 주인이기 때문입니다. 이것은 어떤 제품이라도 바뀌지 않습니다.

고객이 흥미를 갖는 것은 이 제품이 자신에게 편리한가, 경제적인가, 신뢰할 수 있는가, 안전한 것인가 하는 것입니다. 고객이 관심을 갖고 있는 것을 한마디로 말하면 "이 제품이 자신에게 무엇을 줄 것인가?"입니다. 따라서 당신이 제일 신경 쓰고 있는 것이 고객이런 것을 알게 되면 고객은 당신이 추천하는 제품을 기쁘게 사 줄 것입니다. 결국 제품에 대한 지식이 있어야 한다는 것입니다. 지식에 초과란 없습니다. 지식이 많으면 많을수록 고객의 질문에 정확하게 답변할 수 있기 때문입니다.

하지만 가장 중요한 것은 '고객을 알려고 하고, 고객을 중요하게 생각한다.'는 것입니다. 그것을 태도로 보이십시오.

그러면 반드시 고객은 당신이 판매하고 있는 암웨이 제품에 흥미를 갖게 될 것입니다. 자, 서둘러 실행에 옮깁시다.

기본 그대로가 좋다

"뿔 뽑으려다 소 죽인다."라는 말을 아십니까? 이 의미를 제멋대로 변경하지 말아 주십시오. 그렇지 않으면 오히려 전부를 망쳐 본전도 못 뽑는 식의 일례가 되고 맙니다. 당신의 암웨이 비즈니스도 그렇습니다. 예를 들면 암웨이 세일즈와 암웨이 마케팅 플랜이라고 하는 두 가지 가장 중요한 요소를 생각해 보십시오.

그 양자 모두는 세계 속에서 가장 멋진 것이 될 수 있도록 충분히 연구 개발을 계속해 왔습니다. 양쪽 모두 암웨이의 성공을 쌓는데 기여한 것입니다. 양쪽 모두 사람들에게 설명할 때 제일 간단하고 이해하기 용이합니다. 그리고 양자 모두 당신을 성공으로 이끌 가능성을 갖고 있습니다. 그러니 함부로 '얕보지 말도록' 권하고 싶습니다.

분명히 말씀드리면 암웨이 세일즈 마케팅 플랜의 프리젠테이션 방법에 변화를 가한다는 것은 절대 만류하고 싶은 것입니다. 또 제품의 소개 방법은 팜플렛과 가이드 북 등의 자료에 충실하게 다루어져 있습니다.

암웨이가 당신과 함께 성장을 계속하기 위해서도 꼭 이 사항을 지켜 주십시오. 처음부터 암웨이 비즈니스는 누구에게나 균등한 기회를 제공하기 위해 만들어진 것입니다. 물론 독창적인 방법의 판매와 독자적인 아이디어를 개발할 자유는 인정되어야 할 것입니다. 그러나 제안하는 방법을 부정하고 다른 방법으로 바꾸는 것은 백해무익합니다. 암웨이 비즈니스로 성공하기 위한 가장 간단한 지름길은 암웨이 세일즈 마케팅 플랜을 그대로 실행하는 것입니다.

허공의 누각을 실제 누각으로 만드는 데는…

당신이 '성공'하고 싶다고 생각한다면 우선 자신의 꿈과 목표를 마음속에 그리는 것부터 시작해야 할 것입니다. 그것이 현실되는 데는 단순히 '허공에 누각을 짓는다.'는 것에 불과할지 모릅니다. 그러나 옛 현인들은 "허공에 누각을 짓는 것은 헛된 일이 아니다. 나중은 그 뒤에 축대만 쌓으면 실제 누각이 된다."라고 쓰고 있습니다.

이 말은 암웨이 비즈니스에 있어서도 적용됩니다. 암웨이에서는 이미 지어진 '누각'을 설계도라고도 말합니다. 이것이 세일즈 마케팅 플랜이며 이미 준비되어 있습니다. 이것은 35여년에 걸쳐 경험으로 실증된 것입니다. 앞으로는 당신 자신이 튼튼한 축대를 만들어 가는 것입니다. 그리고 당신이 취급하는 것은 신뢰 있는 암웨이 제품인 것입니다. 당신의 '누각'을 대지에 세우기 위해서 필요한 것은 이미 모두 준비되어 있습니다. 남은 것은 당신 자신이 튼튼한 토대를 세우는 것입니다.

　우선 소매 활동과 스폰서 활동에 지금까지 보다 더욱 전력을 다하여 견고한 토대를 만드는 것부터 시작하십시오. 당신이 어느 만큼 시간을 들여 노력하는가에 따라 토대의 강도가 결정됩니다. 토대를 잡기만 한다면 골조는 곧이어 형성되고 건물은 차차 크게 되어 갑니다. 드디어 그것은 '허공의 누각'이 아닌 현실에 세워진 '실제 누각'이 됩니다.

　만약 당신이 '누각'을 현실화시키려는 마음으로 암웨이 비즈니스에 임하면 그것이 의외로 빨리 가능하다는 것에 놀랄 것입니다. 그러나 서둘러서는 안됩니다. 시간을 들이고 확실한 토대를 세움으로써 '누각'은 저절로 대지에 지어지게 될 것입니다.

　그러면 언제부터 토대 만들기를 시작하면 될까요. 그 답은 바로 지금입니다.

성의와 만족을 가지고

　당신은 주문을 받은 후 고객의 모습을 관찰한 적이 있습니까? 고객의 표정 가운데 "나는 현명하게 물건을 샀다."라고 하는 인상을 느끼고 있습니까? 주문을 받았던 때와 판매를 끝낸 후 고객에 대한 당신의 대응 방법이 그 이후의 판매 활동에 큰 영향을 준다는 것은 말할 것도 없습니다. 그렇기 때문에 당신은 고객의 모습에 주의를 기울이고, 그 반응에 맞는 대응을 하는 것이 중요합니다.

또 작은 일이지만 주문을 받은 후 고객의 집을 나올 때는 반드시 감사가 가득 담긴 웃는 얼굴로 "감사합니다."라고 밝은 목소리로 말하고, 제품이 도착하자마자 바로 보내 줄 것을 약속해 둡니다. 언뜻 보면 당연한 것이라 생각될지도 모를 세세한 배려가 고객의 마음을 당신에게 돌릴 수 있도록 만들어 줄 것입니다. 그리고 제품을 배달할 때는 고객의 스케줄에 맞추는 것을 잊지 않도록 하십시오.

배달되면 다시 한번 제품의 특징을 설명하고 얼마나 그 고객의 구입이 현명했던가를 전하여 고객에게 그 구입품에 대한 충분한 만족감을 줄 수 있도록 합시다. 또 고객이 던지는 질문에는 어떠한 것이라도 명쾌하게 답변을 해줄 수 있도록 합시다. 그러한 것은 당신 자신에 대한 신뢰가 되고, 나아가서는 암웨이 제품에 대한 신뢰도 되는 것이기 때문입니다.

중요한 것은 당신의 성의가 미치는 거리까지 고객에게 다가서는 것. 그리고 고객에게 보다 많은 만족을 갖게 하는 것. 웃는 얼굴이라는 당신만의 무기로 고객의 마음에 뛰어들어 큰 판매로 이끌어 주십시오.

경험이 가져다주는 것

당신은 암웨이 비즈니스에서 판매를 증가시키는 중요한 요소는 무엇이라고 생각합니까? 제품의 설명, 데몬스트레이션,

제품에 대한 상세한 지식 모두 맞습니다. 그러나 또하나 잊어버려서는 안되는 것이 서비스입니다. 서비스는 제품을 판매할 때에 잊기 쉬우면서도 실은 제일 크게 매상에 공헌하는 가장 중요한 요소입니다.

당신은 IBM이라는 회사를 알고 계십니까? 컴퓨터 업계의 리더인 IBM은 컴퓨터 판매를 시작하기가 무섭게 대단한 이익을 획득했습니다. 그 이유는 무엇이었을까요? 반드시 그들의 컴퓨터가 다른 것보다도 특출하게 우수했다는 것만은 아닙니다. 그것은 이제까지 그들이 실시해 왔던 충실한 고객에 대한 서비스가 IBM에 대한 신뢰가 되어 폭발적인 판매로 나타났기 때문입니다.

결국 그들은 경험에 의해 충실한 서비스가 어떻든 큰 이익을 창출하는 것임을 알고 있었던 것입니다. 이 예가 가르쳐 주는 것은 '경험'의 중요성입니다. 이것은 물론 암웨이 비즈니스라고도 말할 수 있는 것입니다. 제품을 잘 알 수 있는 방법을 사용해 보고 사용할 상대도 경험해 보는 것이 최고의 방법인 것과 같이 서비스에 의해 어느 만큼 매상이 올라가느냐도 그것을 실행해 보고, 비로소 알게 되는 것입니다.

노력을 아끼지 말고 경험을 쌓아 많은 것을 얻으십시오. 당신 주변의 디스트리뷰터들의 경험에도 성심껏 귀를 기울이십시오. 그러한 노력은 어쨌든 반드시 당신의 비즈니스에 큰 성과를 주게 되는 것이니까요.

무언가가 일어날 때까지 기다리고 있다?

영국의 작가 찰스 디킨즈는 세계적으로 인기가 있습니다. 그 이유는 개성적으로 살아가려고 하는 등장 인물을 만들어 내는데 천재적인 재능이 있었기 때문입니다.

예를 들면 '데이빗 캐퍼필드'에 등장하는 인물로 무언가가 일어나는 것을 아무것도 하지 않고 기다리는 '미코버' 씨. 물론 미코버 씨가 만족할 수 있을 듯한 것은 아무것도 일어나지 않았습니다.

암웨이의 기회를 앞에 두었다면 미코버 씨는 무엇을 했을까요? 아마 아무것도 하지 않았을 겁니다. 그리고 현재에도 미코버 씨는 똑같은 일을 반복하고 있습니다. DD까지 되어서 아무것도 하지 않고 겨우 뭔가 있을 때 행동을 개시했던 사람이 이제까지 몇 사람인가 있었습니다.

예를 들면 갑자기 실직했다고 합시다. 그러면 그때부터 갑작스럽게 너무 열심히 노력하는 것입니다. 이 사람은 능력 있습니다. 그러나 큰 충격을 받기 전에는 그 능력을 쓰려고 하지 않았습니다. 왜 충격을 받아야만 자신의 능력을 발휘하는 것일까요. 또한 심각한 사태에 직면하면, 이 사람은 어떻게 할까요. 화재로 큰 피해를 본다면, 사고로 큰 상처를 입는다면, 혹은 훨씬 곤란한 사태에 쫓긴다면 어떻게 그 난관을 극복할 것입니까? 많은 핸디캡을 갖고 있는 DD가 눈부신 활약을 하고 있습니다. 예를 들면 눈이 부자연스러우면서도 크라운 앰배서더DD까지 된 사람도 있습니다. 어쨌든 결론은 하나입니다. 무언가 일어날 때까지 기다려서는 안됩니다. 또 무언가가 일어나고 있을 것이기 때문입니다.

시간을 만들기 위해 시간을 들인다

하루 24시간은 우리들에게 평등하게 주어진 것입니다. 그러나 그 24시간이라는 시간도 활동적인 디스트리뷰터에게 있어서는 충분한 시간이라고 할 수 없습니다. 그들은 항상 바쁘고 분주하게 행동하면서 1일 24시간 중 더 시간을 내는 것은 불가능한 것일까라고 생각하고 있습니다.

실은 시간은 있습니다. 안정하고 가만히 있으면, "시간을 만들기 위해 시간을 들이자." 처음에 계획을 세우기 위해 충분한 시간을 가져 주십시오. 그리고 그 계획에 따라서 그 하루를 출발시키는 것입니다. 물론 다소의 곤란은 있을 것입니다. 그러나 이동하는 시간, 준비하는 시간, 그리고 일상의 '잠깐인 시간'을 가능한 한 단축하여 계획대로 시간을 조절하도록 항상 마음먹으십시오. 그러면 시간을 만들어 낼 수 있을 것입니다. 그 시간을 이용하여 지금까지 할 수 없었던 것을 하는 것입니다.

예외는 항상 있는 것이지만 일단 당신이 차분하게 시간을 들여 만든 계획에 따라 행동을 시작하면 사태가 매우 자연스러우면서도 신속하게 진행되는 것에 놀라게 될 것입니다. 늦어짐을 되돌리면 바쁘고 괴로울 일은 없습니다.

계획을 세워 두기만 한다면 일일이 다음에 무엇을 할까 생각하지 않아도 됩니다. 그리고 다음 무엇을 해야 할 것인가를 아는 당신은 정신적인 준비도 이미 갖추어져 있는 것입니다.

우선 실행해 보십시오. 당신의 시간은 당신만의 것입니다. 그리고 그것은 당신에게 있어서 가장 가치 있는 자원인 것입니다. 시간을 최고로 효율적으로 사용해 주십시오. 그러면 당신은 매일의 시간 시간에서 분명히 보다 멋진 시간을 발견할 수 있을 것입니다.

계획의 중요성

당신이 회사에서 일할 때, 당신의 하루 일정은 이미 잡혀져 있습니다. 당신은 자신이 해야 할 일을 알고 있는 것이고, 만약 모르는 경우에는 상사에게 물을 것입니다. 그러면 상사는 당신의 업무 계획을 세우고 당신은 그 계획에 따라서 일하게 됩니다. 그 결과로 무언가 불합리한 것이 생길 경우는 당신과 상사가 그 책임을 집니다. 그러나 암웨이 디스트리뷰터라면, 당신의 상사는 자기 자신입니다.

당신의 업무 계획을 세우는 것도 하루의 일정을 잡는 것도 당신 자신인 것입니다. 당신의 계획을 '보좌' 하는데는 헌신적인 디스트리뷰터에서 메모까지 여러 가지가 있습니다.

그러나 무엇을 사용하여 계획을 세우는 것보다도 우선 계획 그 자체가 중요합니다. 오늘, 내일, 그리고 다음 주 계획을 세우는 것입니다. "우리들은 DD가 되기 훨씬 그 전부터 다이아몬드DD가 될 계획을 세우고 있었다."라고 하는 디스트리뷰터들을 만날 수 있습니다. 그들은 계획대로 다이아몬드DD 자격을 획득한 것입니다.

시동을 걸음으로써 자동차는 달리기 시작합니다. 그러나 계획 없이는 바른 방향이나 가고 싶은 곳으로의 진행이 불가능합니다. 계획을 세운다고 하는 것은 자신의 장래를 보다 명확하게 알 수 있는 것입니다.

가만히 생각해 보십시오. 이제부터 반년 후 당신은 무엇을 하고 있겠습니까? 그럼 1년 후는? 5개년 계획은? 이러한 계획들은 오늘날의 비즈니스 회사에 있어서 이제 상식이 되고 있습니다. 목표는 시간이 경과됨에 따라 반복적으로 수정될 것입니다. 그러나 그것은 대단한 문제가 아닙니다.

별을 목표하여 가는 동안에, 달이 나올 수도 있습니다. 그러나 아무것도 목표하지 않으면, 아무것도 나올 수 없는 것입니다. 결국, 실패자는 실패할 계획을 세우는 것이 아닌, 아무 계획도 세우지 않았기 때문에 실패한 것입니다.

항상 앞으로의 계획을 세웁시다. 성공하기 위한 계획을.

생활 관리를 하는 것은 당신 자신

일을 뒤로 미루는 습관이 있을 때 '꾸물거린다'고 합니다. 자주 할 일을 연기하면 남들도 그것을 압니다. 다른 것과 똑같이 그 평판은 점점 퍼져 이윽고, '느림보'라는 별명이 붙게 되어 비즈니스에 있어서도 신뢰를 받을 수 없게 됩니다. 이렇게 되지 않기 위해서는 우선 '꾸물거림'을 버려야 합니다. 이것이 버릇이 되면, 곧이어 생활 습관이 되어 버립니다. 만약 이미 당신의 생활 습관의 일부가 되어 버렸다면, 이제부터라도 수정해 봅시다. 단 한번에 모든 것을 고치려 하는 것은 무리입니다. 우선 한가지 습관 먼저 해결하고 나서 다음 것도 해결해야 하는 것입니다.

그 때에는 다음에 유의하십시오.

우선 제일 어려울것 같은 일부터 해결합시다. 그러면 상쾌한 기분으로 다음 것을 해결할 수 있습니다.

우선 순위가 결정되면, 하나씩 그것을 고치도록 해 갑니다. 하나의 목표에 집중하면, 성공할 확률도 올라갑니다.

목표 달성 기간을 설정하여, 그것을 모두에게 공포하는 것입니다. 다른 사람도 당신의 목표를 알고 있다면, 당신은 어떤 목표라도 달성시키려고 노력하게 될 것이기 때문입니다.

한 번 '꾸물거림'의 습관을 해결하면, 당신은 자기 인생도 스스로 조절하여 생각 그대로 살아갈 수 있을 것입니다. 그리고 그 때 기분은 무엇으로도 표현할 수 없을 만큼 좋은 것입니다.

암웨이는 자유 기업, 즉 당신 자신도 자유입니다. 누구도 당신을 관리하지 않습니다. 때문에 당신 자신의 생활 관리는 확실히 당신 자신의 손으로 관리해야 합니다.

적극적으로 명랑하다

"물이 반이나 남아 있다."라고 하는 것은 낙천주의자들입니다. 비관주의자는 "벌써 반이나 비어 있다."라고 말합니다. 어느 쪽이 옳을까요?

이것은 오래된 이야기이지만 두 사람 모두 바른 것입니다. 단, 낙천주의자들 쪽이 기분 상으로 득을 봅니다.

적극적으로 사고한다고 하는 것은 잘 생각해 보면, 기분 상으로는 득을 얻는 견해라고도 말할 수 있을지 모릅니다. "강한 의지를 갖고 부정적 사고를 떨쳐라."하고 설교만 하는 사람에게는 반드시 찬성할 수 없습니다. 낙천주의자라도 부정적인 생각을 한 두 가지는 가질 수 있습니다. 실제 무슨 일이 일어났을 때 그 사람의 일반적인 가치관은 타격을 받지 않는 것입니다.

적극적인 자세가 정열을 낳는다는 것은 부정할 수 없는 사실입니다. 그리고 이 정열이야말로 암웨이 비즈니스의 성공을 가져다주는 중요한 요인인 것입니다.

그러나 이제까지 계속 비관주의자였던 사람이 문자 그대로 낙관주의자로 바뀌는 것이 가능할까요? 물론 가능합니다. 그 방법으로써는 끊임없이 눈을 크게 뜨고 상식을 활용하는 것입니다.

이전에도 말씀드렸지만 나쁜 것은 바로 눈에 뜨이지만 좋은 것은 당연한 것으로 여기는 것이 인간의 습성입니다. 그 가운데는 무례한 사람도 있겠지요. 하지만 관점을 바꾸어 항상 당신에 대해 정중한 사람들이라는 것을 생각하도록 하십시오. 업무엔 열심이고 충실하고 인생을 있는 그대로 즐기고 있는 수많은 사람들. 몇 백명의 사람들에게 눈을 돌립시다. 눈도 마음도 열려 있다면 이 세상은 정말로 좋은 곳임을 저절로 알게 됩니다. 자, 이제 당신도 일을 적극적으로 생각할 수 있는 이유를 알아내셨습니다.

아무래도 기분 상으로 훨씬 편해졌겠지요.

시간만 있다면…

"시간이 없어서…?!!"

모짜르트를 생각해 보십시오. 그는 유명한 오페라 '돈조바니'의 공연 첫날 한 시간 전에 전주곡을 만들었습니다. 또 유명한 SF작가 '아이작 아씨모프'는 주말에 작품을 완성한 적이 여러 번 있다고 합니다. 이러한 예를 든 것은 "일은 임박해서 해야 하는 것이다."라고 말하려고 하는 것은 아닙니다.

요는 당신이 작곡가이든 작가이든 암웨이 디스트리뷰터이든 '시간을 만든다.'는 것이 능력을 발산할 수 있는가, 없는가 라는 문제와 관계가 있다는 것입니다. 하지만 당신이 무언가 목표를 갖고 있다면 장기간에 걸쳐 큰 수익을 얻을 수 있을 것입니다.

생각했다면 바로 실행합시다. 무리라 해도 무슨 일이라도 일단 움직이기 시작하면 나중에는 간단합니다.

목표를 달성하기 위해 작전을 세우는 연습을 합시다. 무엇을 해야 할까? 어느 정도 시간이 필요한가? 어느 만큼 노력을 들일까?

'오늘은 여기까지'라는 식으로 목표는 단계적으로 달성합시다. 제일 싫은 것부터 정리해 가면 그 기운이 붙어 새로운 승리가 기다리게 될 것입니다.

종이에 목표를 써서 눈에 보이는 곳에 붙입시다.

목표 달성을 위해 무엇을 해야 할 것인가를 명확히 하여 그 이외의 쓸데없는 행동은 모두 배제하는 것입니다.

항상 목표를 이룬 사람들의 예를 흉내내 봅시다. 타인의 좋은 습관을 배웁시다.

암웨이 비즈니스를 추진하는데 있어서 가장 중요한 것은 시간입니다. 시간을 중요하게 사용하면 반드시 잘 될 것입니다.

우정은 주는 것

"당신은 암웨이 비즈니스의 어떤 점에 가장 큰 매력을 느꼈습니까?"라는 질문을 듣는 것만으로, 베테랑 디스트리뷰터는 상대가 지금 어떠한 상황에 빠져 있는지 알 수 있다고 말합니다.

비교적 초년생 디스트리뷰터라면 "부수입입니다."라고 대답할 것입니다. 그것은 그것으로 된 것입니다. 처음으로 비즈니스에 참가하는 대부분의 사람에게 있어서는 부수입이 제

1의 이유이기 때문입니다.

그러나 다음에 질문 받는 디스트리뷰터로부터는 "표창입니다."라는 답변이 올지도 모릅니다. 이 사람은 어느 정도 비즈니스의 경험을 갖고 이미 목표의 한 두개를 달성하여, 그룹의 동료보다 먼저 칭찬을 받아 온 경험이 있을 것입니다. 3번째의 디스트리뷰터는 "자유와 자립입니다."라고 답변할 가능성이 있습니다. 이 사람은 암웨이 비즈니스를 전업으로 하는 DD로 독립하여 비즈니스를 전개할 수 있는 자기 능력에 자부심을 갖고 있는 사람인 것입니다.

필시 라이프 스타일도 변화하여 이전보다 훨씬 자신감을 갖게 될 것입니다. 4번째의 디스트리뷰터는 이렇게 답변할지도 모릅니다. "일을 함께 하는 기쁨입니다." 이것은 두 사람이 똑같이 비즈니스 하는 것은 처음이라고 하는 부부 디스트리뷰터로 반드시 성공이 따르기를 목표하고 있을 것입니다. 지금은 한 사람으로서 가능성을 추구했을 때보다도 훨씬 즐거운 비즈니스를 할 수 있게 된 것입니다.

그럼 5번째의 디스트리뷰터는 어떨까요. 그는 단 한마디로 "친구입니다."라고 대답할 것입니다. 이것은 높은 배지나 레벨을 달성하여 상당한 수입도 얻고, 어쨌든 성공의 기쁨도 실망의 괴로움도 함께 할 수 있었던 진짜 친구들에게 둘러싸여 있는 경험이 풍부한 디스트리뷰터의 답변인 것입니다.

어느 레벨에 있다고 하는 것은 단순히 비즈니스 상의 위치를 나타낼 뿐만 아니라 그 이전의 모든 레벨을 통과하고 있다는 것도 나타냅니다.

처음부터 손에 있는 것의 실제 가치를 아는데는 많은 경험과 긴 시간이 필요합니다. 진실한 우정이라는 것은 남에게서 받는 것이 아닙니다. 우선 자기가 남에게 주는 것입니다.

재방문을 기다리는 독립된 고객

다음과 같은 일이 여러 번 반복되어 일어나고 있습니다.

신인 디스트리뷰터가 고객인 아는 사람을 방문하면 그리운 친구를 만난 듯이 따뜻하게 맞아 줍니다. 그리고 그 아는 사람은 "훨씬 전에 암웨이 제품을 소개받아 좋은 제품이기 때문에 마음에 들어 하고 있었는데, 그 제품을 팔러 온 디스트리뷰터는 그 이후 아무런 연락도 없습니다."라고 말해 줄 것입니다. 이 경우는 신규 디스트리뷰터와 암웨이 제품을 마음에 들어 하고 있던 고객이 우연히 만난 것이기 때문에 행운이라고 말할 수 있을 것입니다. 그렇지만, 대체 몇 명의 '독립된 고객'이 이와 같이 디스트리뷰터의 재방문을 기다리고 있을까요? '독립된 고객'을 더 이상 증가하지 않도록 하는 것이 당신에게 달려 있습니다.

첫째, 당신은 디스트리뷰터로서의 명함을 만드십시오. 당신 그룹 디스트리뷰터에게도 명함을 만들도록 하십시오. 그렇게 하면 고객은 손쉽게 디스트리뷰터에게 연락할 수 있습니다.

둘째, 고객에게 전달한 제품과 회사의 인쇄물에 자신의 이름과 주소, 전화번호를 써 두게 하도록 모든 디스트리뷰터를 지도해 주십시오. 이에 따라 고객은 암웨이 제품을 소개해 준 디스트리뷰터에게 간단하게 연락을 취할 수 있는 것입니다.

셋째, 고객이 구입한 제품과 그 구입 사이클을 조사해 주십시오. 만약 구입 횟수가 줄어들거나, 구입을 그만둔 고객을 발견하면, 바로 그 이유를 캐물어 적절한 대응 방법을 취합시다. 또 어떤 디스트리뷰터가 병으로 고객과 연락할 수 없는 경우에는 한참 동안 당신이 그 대신에 일을 하는 것입니다. 그 사이의 판매분을 병 요양 중의 디스트리뷰터 실적으로 해서 올릴 수 있습니다. 그것은 임시적인 일이지만, 매우 가치 있는 일입니다. 리더 업무의 일부로써 당연히 해야만 하는 것입니다. 그러나 고객을 '독립된 고객'이 되지 않도록 합시다. 그리고 디스트리뷰터의 신뢰 관계를 더욱 강하게 하고 그룹 전체의 포인트도 유지해야 합니다.

한 사람 한 사람의 디스트리뷰터들이 이상의 세 가지 포인트를 실천하면 더이상 독립된 고객은 늘어나지 않게 될 것입니다.

당신 자신이 고객에게 도움이 되고 있습니까?

고객은 디스트리뷰터인 여러분들에게 간단한 제품 이상의 것도 구입하고 있습니다. 즉 고객은 제품과 동시에 다음과 같은 여러가지 이점도 사고 있는 것입니다.

확실한 정보, 데몬스트레이션, 배달, 디스트리뷰터 개인에

의한 보증, 그리고 만족감 등. 이러한 것들 중 하나라도 일반 상점에서 살 수 있습니까? 이 모든 이점은 디스트리뷰터인 당신이 밖에 얻을 수 없는 것입니다.

당신이 판매하고 있는 암웨이 제품은 암웨이이기 때문에 특별한 이점이 있다는 것을 고객은 알고 있습니다. 암웨이 제품은 어느 것이든 구입하기 쉽고, 사용한 후 충분히 만족할 수 있는 것입니다. 또한 1회분 사용량당 가격도 타사 제품보다도 쌉니다. 100% 만족 보증이 약속되어 있고 고객의 집까지 배달하고 있습니다. 신뢰에 있어서 디스트리뷰터가 스스로 사용해 보고 그 좋음을 실감한 후에 데몬스트레이션하고 있습니다.

그러나 암웨이 제품만으로는 이러한 이점이 고객의 것이 되지 않습니다. 디스트리뷰터의 존재가 필요한 것입니다. 단지 고객이 일생의 단골이 되는 것은 당신의 성의, 지식, 그리고 친절한 서비스에 달려 있는 것입니다. 자신을 갖고 적극적으로 당신 스스로 제공할 수 있는 이점을 전달해 주십시오.

"사람은 제품을 사는 것이 아닙니다. 제품에 의해 얻을 수 있는 이점을 사는 것입니다."라고 자주 말합니다. 이 말을 꼭 명심해 두십시오.

마이너스 공간을 메운다

어느 톱 디스트리뷰터에 의하면, 암웨이 비즈니스의 최대

장점은 사람들이 '인생의 마이너스 공간을 플러스로 바꾸어 가는 힘을 갖는다.'라는 것을 가능하도록 도와주는 것에 있다고 합니다.

그렇다면 '마이너스 공간'이란 무엇일까요.

그들에 의하면 그것은 이런 의미라고 합니다. 대다수의 사람들은 자신들에 대해 부정적인 이미지를 갖고 있는데, 자신이 차갑게 보이며, 마음속에서는 자신은 대단한 인물이 아니라고 생각해 버리는 것입니다. 그리고 그것을 일체 부정할 수 있는 증거가 있을 것인가, 라고 자문한다는 것입니다.

처와 남편, 혹은 가족이 자신과 사이좋은 것은 자신의 가치를 인정해 주고 있기 때문이 아니라 단순한 관습 때문은 아닐까. 직장에서 멋진 일을 하고 있을 때도 상사는 그것이 의례히 당연하다는 얼굴을 하고 있지는 않은가. 결국 떠오르는 것은 마이너스 이미지뿐인 것입니다.

그러나 암웨이는 그렇지 않습니다. 여기에는 '성공에의 계단'이 안전하게 있는 것입니다. 한걸음 올라갈 때마다 반드시 환영을 받는다는 계단입니다. 그 환영이라고 하는 것은 말이 앞서서는 안됩니다. 무시할 수 없으리 만큼 가치 있는 보수를 즉시 손에 넣을 수 있는 것입니다.

그 내용의 배지와 표창만으로도 이상하리 만큼 효과를 발휘합니다. 표창을 받은 디스트리뷰터들은 '친절해졌다' '그 사람은 그의 스폰서로 흠잡을 데 없다는 말을 듣습니다.

물론 그 사람이 실제로 '친절해졌다'는 의미는 아닙니다. 그 사람은 역시 그 전의 사람임에 분명한 것입니다. 그러나 지금 그의 '마이너스 공간'은 플러스 실적과 평가로 메워지는 것입니다. 그에 있어서 그것은 완전히 새로운 세계입니다.

즉, 그것이 암웨이 세계인 것입니다.

소질을 찾아가는 것

암웨이 비즈니스에 있어서 많은 가능성을 갖춘 사람을 후원하고 싶다고 생각하지 않습니까. 그것은 당신이 상상하는 만큼 어려운 것은 아닙니다. 적극적인 태도와 일에 대한 성실한 자세, 그리고 자신의 능력 이상의 실력을 발휘하도록 하는 마음가짐을 가진 사람을 찾으면 되는 것입니다.

손에 넣고 싶고, 가장 크게 되고 싶다는 열망이야말로 꿈을 실현하기 위한 원동력인 것입니다. 그리고 꿈을 계속 가지고 있는 것이 그 꿈을 실현하기 위한 조건인 것입니다.

가장 중요한 것은 무엇보다도 적극적인 자세입니다. 즉 "승자는 어떤 문제에도 하나의 해결책을 찾아내고, 패자는 어떤 해결책도 하나의 문제점으로 보아 버린다."라는 말로 집약할 수 있습니다.

유능한 사람은 큰 꿈과, 그것을 실현하려는 적극성을 갖고 실현하기 위한 기술과 자기 관리에 있어서는 매우 능숙합니다. 그들은 일상적인 일을 규칙적으로 행하면서도 멀리까지 발을 내딛는 노력을 아끼지 않습니다. 물론 비즈니스에 있어서 언제든지 원조의 손을 뻗칠 수 있는 힘있는 사람인 것입니다.

확실히 이러한 소질을 친구와, 친지, 또한 타인들 속에서 발견한다는 것은 쉽지 않습니다. 그리고 소질은 좀처럼 밖으로 표현되지 않습니다. 하지만 이러한 조건을 표면화하는 것은 가능합니다. 결국 잠재 능력이 있는 사람에게 있어 꿈, 마음가짐, 일에 대한 자세, 이 3가지는 그 사람의 노력 여하에 따라 반드시 된다는 것을 증명하면 됩니다.

물론 그 사람의 미래도 말입니다. 그럼에도 불구하고 이러한 소질이 아직도 보이지 않는다고 하는 사람은 눈을 비비고 잘 봐주십시오. 그러면 그러한 소질이 보이게 될지도 모릅니다. 자신이 잘 알고 있는 어느 디스트리뷰터 중에, 그리고 당신 자신 속에….

성실함, 착실함도 성공의 열쇠

오랫동안 암웨이 비즈니스에 종사하고 있었는데 갑작스럽게 에메랄드DD가 되었다는 디스트리뷰터의 이야기를 우연히 들을 기회가 있었습니다.

이야기를 듣는 가운데 오랜 시간을 투자하면서 확실하게 목표를 달성하고 있는 사람도 있다는 것을 우리들은 쉽게 잃어버린다는 것을 깨달았습니다.

언뜻 보면 이 사람들의 비즈니스는 매우 성공하지 않은 것처럼 보일지도 모릅니다. 느린 걸음이면서 그 사람들의 비즈니스가 성공한 것은 어떻게 된 일입니까? 한마디로 말하면 이 사람들은 성실한 것입니다. 그들은 매월 혹은 매년 자신의 비즈니스 실적을 손실 없이 성실하게 유지해 갑니다.

그리고 느리면서도 확실하게 성장해 가는 것이 이 사람들 비즈니스의 성장 특징입니다. 눈길을 끌 정도로 두드러진 성장은 이 사람들에게서 찾아볼 수 없습니다. 그러나 성실하고 착실하게 성장해 가는 것입니다. 이와 같은 성격을 가진 사람이 암웨이 비즈니스를 하려고 결심하면 자신의 고집과 자신의 그룹 디스트리뷰터와의 관계를 무엇보다도 중요시합니다.

거기에 자신의 비즈니스의 승패를 걸고 있기 때문입니다. 때문에 이 사람들의 평균 매상이 떨어지는 일은 있을 수 없습니다. 그러한 이유로 점차 증가의 일로를 더해 갑니다. 그룹의 디스트리뷰터 또한 느린 속도이지만 증가해 가는 것입니다. 그리고 어느 날 돌연 이 사람이 새로운 레벨에 도달하면 나태한 사고방식에 익숙해 있던 사람들은 놀라는 것입니다. 확실히 시간은 걸립니다. 에메랄드DD가 되는 데는 2년을 요하는 사람도 있습니다. 하지만 어쨌든 목표에 도달하는 것입니다. 그러나 이 긴 과정이 매우 즐겁다고 그 사람들은 말하고 있습니다.

단기간에 업적을 이루어 주목받은 사람, 성실하게 비즈니스의 실적을 쌓으면서 성공한 사람, 암웨이는 모두에게 똑같이 경의를 표하는 것입니다. 왜냐하면 양자 모두 '목표를 설정하여 성취한다.'는 훌륭한 공통점이 있기 때문입니다. 그리고 어느 형태의 사람도 충분히 활약할 수 있는 장소, 그것이 암웨이 비즈니스인 것입니다.

행동이 성공을 낳는다

이 세상 사람은 3가지 형태로 나누어집니다.

자신들이 일을 만드는 사람, 남이 일을 일으키고 자신은 방관하는 사람, 그리고 무슨 일이 일어났는가를 모르는 사람의 3가지 형태라고 말한 사람이 있습니다.

암웨이 디스트리뷰터는 이 3가지 중에 제일 첫번째 형태인 자신이 일을 찾아서 하는 사람 가운데에서 선택된 부류에 속한다는 것을 우리들은 믿고 있고, 디스트리뷰터들도 30년 이상에 걸쳐 그것을 실증해 주었습니다.

디스트리뷰터 모두는 시간을 헛되게 낭비하는 것을 싫어하며 이 뛰어난 비즈니스에 대하여 정열을 가지고 도전하려 하고, 바라는 것을 손에 넣기 위해 기쁘게 일하고, 암웨이 비즈니스가 제시할 수 있는 최고의 목표도 딜성할 수 있다는 것을 증명하여 보여준 것입니다.

이 활동적인 디스트리뷰터 가운데 아마그램의 지면을 장식하는 것이 리더 여러분입니다. 암웨이 비즈니스의 기회를 잡아 그것을 다른 사람과 서로 나눌 때 결과적으로 개인으로서도 성공할 수 있다는 것을 상징적으로 나타내고 있는 것이 이 사람들인 것입니다.

그러나 착각은 하지 말아 주십시오. 암웨이 비즈니스가 이 사람들을 성공시켜 리더로 만들어 준 것은 아닙니다. 리더들이 스스로 그것을 성공시켜 완수했다는 것입니다. 그들은 행동하는 것, 참가하는 것, 그리고 성공을 가져다주는 습관과 태도를 몸에 익혔습니다.

암웨이 세일즈 마케팅 플랜과 연결된 굳건한 행동 결의, 이것이 수입의 안정과 개인의 자유보다 성공에 가득찬 미래를 창조하기 위한 촉매로써 움직이게 되는 것입니다.

이러한 종류의 비즈니스 가운데 디스트리뷰터를 특징짓는 것이 이러한 종류의 결의입니다. 이것이야말로 암웨이 비즈니스로써의 업적을 두드러지게 하고, 또 일으킨 것을 방관하거나 놀라는 것만으로 끝내는 사람들과 여러분들을 구별하는 것이 됩니다.

크게 되는 것만으로는 미완성

실적을 올린 한 사람 한 사람의 착실함이 모여 암웨이 비즈니스의 놀라운 성과를 창출했습니다.

만약 당신이 아마도 새 레벨을 달성했다면, 자기 자신과 가족을 위해서도 당신은 그 레벨을 유지해야 할 것입니다.

과거 약 35년에 걸쳐 수많은 사람들에게 질문을 해 왔는데 그들 가운데는 배지의 레벨 업을 목표로 하고 있는 사람도 있다는 것을 알았습니다. 언제, 어느 때 그들이 공로자로서의 배지, 레벨에 오를 지도 모르지만, 그들은 다음 회계연도에 다시 똑같은 자격을 달성 유지할 수 있을까요?

물론 거의 모두는 재차 동등한 자격을 얻습니다. 회계연도가 바뀌어도 다시 동등한 자격을 유지하는 것. 그것이 당신이 암웨이 디스트리뷰터로서 암웨이 비즈니스를 매월 성실하게 이끌어 간다는 것을 증명합니다. 그것은 두말할 것도 없이 당신의 암웨이 비즈니스가 착실하게 성장하며 질적인 향상을 이루고 있다는 것을 증명하는 것이며, 그것은 매년 조금씩이나마 플러스 부분을 확보하고 있다는 것이 되는 것입니다.

실제로 우리들에게 있어서의 기쁨은 당신들 디스트리뷰터 모두가 착실하게 자격을 유지하고 성장을 계속하는 것입니다.

2주 동안에 비즈니스를 두배로!

'2주간에 당신의 비즈니스를 두배로 할 것.' 이라고 결심한다면 분명히 그렇게 될 것입니다.

당신 자신은 물론이고 그룹 디스트리뷰터 모두가 2배로 가능하겠지요. 사실 행동으로 옮기기만 한다면 2주내에 비즈니스를 두배로 확대시키는 것은 누구에게나 가능한 것입니다. 그 방법이란 무엇일까요? 당신 그룹의 디스트리뷰터 전원이 과거 2주간에 만났던 고객 모두를 방문하는 것입니다. 이것이야말로 아주 신속하고 쉬운 방법입니다. 현재 우리들이 안고 있는 최대의 문제점은 한번 물건을 팔았던 고객에게 재차 연락을 취하는 작업을 디스트리뷰터가 꺼리고 있다는 것입니다.

그들은 안정된 단골 거래처인 것입니다. 이전에 제품을 판매하고 있던 디스트리뷰터가 활동을 그만두게 되어 곤란해할지도 모릅니다. 또 암웨이 제품이 마음에 들어 더 사용하고 싶어하는데 어디에서 구입할까 모르고 있을지도 모릅니다. 그럴 때 누군가가 방문해 주기만 하면 그들은 기뻐하며 환영해 줄 것입니다.

하지만 중요한 것은 그러한 사태를 부르기 전에 해야 할 일이 있다는 것입니다. 잊혀져서 방치되어 있는 단골과 아직까지 전혀 연락을 취하고 있지 않는 미래의 고객과의 사이에 우리들은 막대한 손실을 볼 것입니다. 그러나 과거에 암웨이 제품을 샀던 적이 있는 고객은 만약 누군가가 말만 꺼내면 기쁜 마음으로 재차 구입해 줄 것이라 생각합니다.

단 하나의 물건을 파는데 고객을 방문하는 것이 헛된 일이라고 생각하고 있지는 않습니까? 이렇게 생각해 주십시오. 암웨이 제품의 전부를 소개할 기회이기도 하다고. 이것이야말로 암웨이 세일즈 마케팅 플랜의 진수라고 말할 수 있을 것입니다.

자, 이렇게 생각하면 힘을 2배로 불어넣을 수 있을 것입니다. 당신 자신이 분발하여 그룹 디스트리뷰터들의 좋은 표본이 되어 주십시오.

2주간에 비즈니스를 2배로! 당신은 할 수 있습니다.

암웨이 비즈니스의 소매와 중요성

제이와 리치는 젊은 시절 여러 가지 제품의 판매 방법을 시도해 보았지만 결국 고객을 방문하여 판매하는 방법에 귀착했습니다. 그렇기 때문에 암웨이에 있어서의 판매 방법이라고 하는 것은 맨 투 맨(Man To Man)적인 소매 방식을 의미하고, 모든 디스트리뷰터가 많은 고객에게 조금씩이라도 계속적으로 소매 활동을 하는 것이 중요한 것입니다.

때문에 "스폰서 활동만 하고 있으면 되는 것이다."라고 단정해서는 결코 안됩니다. 왜냐하면 당신이 스폰서한 디스트리뷰터도 똑같은 것을 생각해 흉내낼 것이기 때문입니다.

그리고 그 사람에 이은 다음 사람도 또 그 다음 사람도 결과는 뻔합니다. 누구도 얻는 것은 없습니다. 결국 당신이 고객을 유지하고 있지 못하는 것을 당신이 스폰서한 디스트리뷰터가 알게 된다면 그들 그룹의 디스트리뷰터까지도 고객을 기다리려 하지 않게 되어 버립니다.

장기간에 걸쳐 스폰서 활동을 하기 위해서는 소매 활동도 계속하는 것이 중요합니다. 당신이 비즈니스의 기본은 소매 활동에 있다는 것을 증명하지 않는 한 누구도 암웨이 세일즈 마케팅 플랜에 메리트가 있다는 것을 믿을 리 없습니다. 때문에 소매 활동을 무시해서는 안되는 것입니다.

눈앞의 이익에만 구애받는 사람은 "돈은 사회적 활동으로 생겨난다."고 생각하고 있을지도 모릅니다. 그러나 암웨이 세일즈 마케팅 플랜을 이해하게 되면 돈은 상품의 판매로부터 생겨난다는 것이 명백해집니다. 스폰서 활동에서는 한푼도 건질 수 없다는 것을 잘 기억해 둡시다.

그룹의 구성원이 몇 천이라도 모두가 스폰서 활동만 열심히 하여 판매할 틈도 없게 된다면 수입은 제로입니다. 그렇게 되도 할 수 없는 일입니다. 그룹 소속원 모두가 당신을 보고 배워서 얻은 결과일 것입니다. 하지만 그런 일이 일어나지 않도록 당신이 좋은 모범을 보일 수 있도록 해 주십시오.

소매 활동에 가장 많은 시간과 에너지를 불어넣을 수 있도록 해 주십시오. 그 노력은 결코 헛되이 끝나지 않습니다. 반드시 당신에게도 좋은 보답을 해줄 것이고 당신에 이은 다른 사람에게도 크고 좋은 결과를 줄 것입니다.

소매 활동과 스폰서 활동은 모두 중요하다

암웨이 코포레이션 창립이래, 디스트리뷰터 사이에서는 소매 활동과 스폰서 활동을 서로 겸하는 것에 대해서 논의되어 왔습니다.

소매 활동 중시형인 사람은 말합니다. "소매가 있음으로서 비로소 비즈니스가 성립한다. 자신의 그룹 사람들에게 판매 실적이 올라가기를 기대한다면 우선 자기 자신이 적극적으로 판매해야 할 것이다."

이에 대하여 스폰서 활동 중시형인 사람은 이렇게 반론합니다. "스폰서 활동을 충분히 하고 있다면 그것은 천부적인 재능이 있는 사람에게만 해당되지 않는가?"라고.

쌍방이 균형 있게 잘 전개되는 것이야말로 암웨이 비즈니스의 정도(正道)이기 때문에 정도의 차이는 있을지라도, 서로 주장하는 것에는 누구든지 동의할 수 있을 것입니다. 하지만 잠깐 생각해 보십시오. 오히려 당신이·소매 활동에만 전념하고 있다면 당신은 더욱 벌어야 할 수입을 알게 모르게 제한하고 있게 됩니다. 극단적으로 말하면 일상의 시간들을 쓸데없게 만들고 있다고 할 수도 있습니다.

한편 스폰서 활동에만 전념하고 있다면 서로 아는 사람의 수는 증가할지 모르나, 수입은 형편없게 될 것입니다.

'태어나면서부터 세일즈 맨'이 설사 발견된다 해도 당신 자신이 판매 활동을 하지 않으면 그 사람도 당신을 본받아 판매 활동을 하지 않을 것이기 때문입니다.

그러나 다행스럽게도 암웨이 세일즈 마케팅 플랜이 있고 또 대부분의 디스트리뷰터가 두 사람이 함께 파트너가 되어 활동하고 있습니다. 때문에 암웨이 각 디스트리뷰터는 자신이 할 수 있는 일에 전념할 수 있는 것입니다. 스폰서 중시형인 사람은 스폰서 활동을, 소매 활동 중시형인 사람은 소매라고 하는 형편에 맞게 말입니다.

결국 암웨이 비즈니스는 전체적으로 균형이 이루어졌다고 할 수 있습니다. 그리고 비즈니스 전체가 균형 잡혀 있다라는 것이야말로, 당신이 암웨이 비즈니스에서 성공할 수 있는 길입니다.

여기에서도 '플랜'의 탁월성을 이해하셨겠지요.

자유를 향해 언덕에 올라라

율리시즈 클란트 미국 대통령은 그의 회상록에서 남북전쟁 중에 있었던 자신의 최초의 싸움에 대해 서술하고 있습니다. 적군은 높고 낮은 언덕 꼭대기에 참호를 잡고 엎드려 기다리고 있었습니다. 클란트 장군의 용맹은 익히 모두가 아는바 였지만 이것은 그에게 있어서 비로소 자신이 지휘를 따낼 수 있는 전쟁이었습니다. 상황을 파악한 후, 그는 분기하여 연대에게 언덕으로의 행군을 명령했습니다.

"사실이지, 나는 내심 두려움에 벌벌 떨었다."

라고 그는 쓰고 있습니다.

하지만 그의 군이 언덕에 도착하자 적은 이미 도망하고 있었습니다. "적의 연대장은 아군 이상으로 무서웠던 것임에 틀림없다. 이것은 내 생애, 잊을 수 없는 교훈이 되었다."라고 클란트는 말하고 있습니다.

프로스팩터(예상 고객)를 만날 때, 새로운 디스트리뷰터를 만날 때 누구나 이같은 불안을 느낄 것입니다. 물론 그들뿐만이 아니라 경험이 풍부한 스폰서조차 다수가 친구와 친척이라면 자신을 갖게 되지만 서로 안면 정도만 있는 사람들에게 상품을 팔려고 하면 상황은 달라집니다.

따라서 이러한 정신 상태는 우리들의 단순한 상상에 의해 초래된다고 생각할 수 있지만 그것을 알고 있다 해도 현실 속에 있는 불안은 부정할 수 없습니다. 불안을 없애는 것은 대단히 간단합니다. '언덕에 오른다.'는 것을 해야만 되는 것입니다. 걱정에서 도피하는 것만으로는 사태는 절대 개선되지 않습니다. 적군은 언덕 꼭대기에서 몰래 계속 잠복해 있겠지요. 이것은 우리들과 성공의 관계에서도 꼭 같습니다. 클란트와 다수의 성공한 디스트리뷰터들이 선택한 해결법을 시도해 보십시오. 언덕을 오르십시오. '적(나쁜 상황)'은 도주하고 그곳에 있는 것은 사람입니다. 아마도 당신과 같은….

서로 나누자, 개인의 성장을

여러분들은 암웨이 비즈니스의 눈에 보이는 성장을 여러 곳에서 보고 들었을 것입니다. 다이아몬드DD와 크라운DD가 구입한 새 차와 해외 여행 등의 이야기. 혹은 암웨이는 제반 시설과 설비를 확장하여 세계 40개국 이상의 지역에 시장을 넓히고 있다는 이야기. 이러한 것은 물론 끝없는 발전을 나타내는 것입니다.

그러나 눈에 확실히 보이지는 않지만 눈에 보이는 물질적인 상황 이상으로 우리들이 중요시하고 있는 것이 있습니다. 그것은 한 사람 한 사람의 내면적인 성장입니다. 개인적인 성장 말입니다.

자신에 대한 신뢰성, 자존심, 자발성을 높이는 것은 암웨이 비즈니스에 있어서 상위 배지 레벨을 달성하고 수입을 증가시키거나 여행에서 즐거움을 맛보는 것들과 어떤 의미에서는 똑같이 중요한 것입니다. 그러나 이같은 내면적인 성장은 일상 생활에 있어서는 눈에 보이고 손에 넣을 수 있는 것이면서도 돌연 잃어버리기 쉬운 것들입니다.

당신은 자신에게 자기 신뢰를 높이는 방법을 어떤 식으로 조사하여 타인에게 전하고 남의 마음을 움직이겠습니까? 단 한가지 개인의 내면적인 성장을 다른 사람에게 설명할 수 있는 방법이 있습니다. 전하고 싶은 사람에게 이야기를 하여 당신의 성장을 함께 나누십시오. 그들이 당신과 동일한 것을 경험할 수 있도록 도와주십시오.

당신의 진정한 열의와 의욕을 그들이 한번이라도 느낀다면 그들 자신도 분명히 무엇인가는 성장할 것입니다. 그렇게 되면 후에는 그들이 다른 사람들에게 자신의 성장을 서로 나눌 차례입니다. 자신의 그룹이 디스트리뷰터들에게 자기 자신의 내면적인 성장이라는 멋진 선물을 나누어 줄 것입니다.

이것이 아마도 당신이 당신의 그룹에게 해줄 수 있는 가장 가치 있는 행위가 아닐까요. 그리고 지금 당신에게 필요한 것은 행동하는 것입니다.

남과 똑같은 것으로 만족해서는 안됩니다.

독립적인 비즈니스에서 성공하는 비결은 무엇입니까? 라고 묻는 질문에서 대개의 성공자는 우선 이니셔티브(주도권)라고 대답할 것입니다. '주도권을 잡고 항상 노력해 나간다' 성공하는 것의 중요한 요소는 실은 이렇게 단순하고 명쾌한 것입니다. 그렇다면 왜, 이런 명쾌한 이론을 실천할 수 있는 사람은 적을까요. 답은 간단합니다. 대개의 사람은 지나치게 소극적이기 때문입니다. "남들 눈이 신경 쓰여서"라든가, "시간이 없어서"라든가 이유는 얼마든지 있지만 필요한 적극성은 결여되어 있습니다. 시험삼아 당신이 누군가에게 제품 설명을 할 때에 일을 떠올려 보십시오. 충분한 자료가 준비되어 있다면 소매 활동은 자연스럽게 해낼 수 있을 것입니다.

하지만 만약 준비에 있어서도 소극적이었다면 두말할 것도 없습니다. 라벨과 설명서와 같은 것만으로도 된다면 당신이 아니고서도 되는 것입니다. 반대로 당신이 항상 제품을 자신도 사용하고 좋은 점을 알아냈다면 그것에는 당신이 아니면 설명할 수 없는 암웨이 제품이 존재하게 되는 것입니다.

비즈니스에 있어서는 '남이 하지 않았기 때문에'라는 것 같은 소극성은 무슨 의미로든 용납되지 않습니다. 남이 하고 있지 않은 것을 발견해 내고 표현할 수 없었던 각도에서 제품의 좋은 점을 발견해 냅니다. 그러한 의욕이 큰 힘이 되어 나타나 당신에게 이니셔티브, 즉 성공자의 통행증을 가져다 줄 것입니다.

만약 지금 자신이 없다면 가족들 앞에서 매일이라도 데몬스트레이션 연습을 해보십시오. 언젠가 가능하다는 자신을 갖게 되면 당신의 성공은 약속된 것이라고 감히 말할 수 있을 것입니다.

계속하여 연락하자

제이와 리치가 사업을 시작할 즈음에, 먼 곳에 사는 친구를 우연히 스폰서 하게 되었습니다. 거기에서 가끔 그들에게 전화를 걸었습니다. 발주의 재촉이 아닌 단지, 이야기하기 위한 전화였던 것입니다. 연락 사항을 지킨다. 이유는 그뿐이었습니다. 그러나 곧 2, 3일 후면 반드시 주문이 오게 되어 있습니다.

제이와 리치는 이 사업에 있어서 사람들과의 접촉이 얼마나 중요한가 이때 깨달았다고 합니다. 그렇기 때문에 우리들은 미팅의 가치를 역설(力說)해 온 것입니다. 세계적인 집회(Convention)가 되려면 우선 자신과 2,3명 정도 친구들만의 모임 등으로 가능합니다. 미팅은 암웨이의 진수입니다. 왜냐하면 미팅은 친교의 장이기 때문입니다. 새로운 정보를 접하게 되는 것도 중요하지만 반드시 그것만을 위한 것이 아닌 상호 보완을 위한 접촉이 무엇보다 중요합니다. 사람에 따라서는 '인간적 체험'이라든지 '아이디어 교류'라고 칭할지도 모릅니다. 혹은 이야기 상대나 누군가 이해해 줄 어떤 사람이 필요하다는 등 간단한 것일지도 모릅니다.

손님에 대해서도 동일하다고 할 수 있습니다. 초대장을 보내는 것은 좋은 일입니다. 게다가 전화까지 해 두면 더 좋겠지요. 그러나 아무래도 개인적인 방문으로 성공할 리는 없습니다. 왜냐하면 암웨이 비즈니스는 '개인 대 개인'의 비즈니스이고, 본격적으로 말하면 그것은 세계 속의 어떤 소매 방법에도 뒤지지 않는 불굴의 아군임을 보여줄 수 있을 것입니다.
본격적으로 하는 방법? 그것은 '계속하여 연락하자' 입니다.

4

리더들을 위하여

암웨이는 언제라도 준비하고 있습니다.
성공한 분들의 축하와 지원 등.
암웨이의 세일즈 마케팅 플랜의 완벽함을 아시는 여러분들은 이제
다른 이들과 더불어 성공의 길을 달려야 합니다.
남의 성공이 바로 나의 성공이듯, 당신의 그룹이나
암웨이 전체를 위해 마음가짐을 새롭게 하십시오.
그러기 위해서는 당장, 지금을 재도약의 시기로 삼으십시오.
언제나 암웨이는 여러분 곁에 있습니다.

매니저인가, 리더인가?

  암웨이 비즈니스를 성공시키는데 중요한 것은 당신이 앞으로 사람들을 관리하는 것이 아니고 리드하는 점에 있습니다. '하십시오-Go ahead'와 '나를 믿고 따라오길 바랍니다-Follow me'사이에는 하늘과 땅 만큼의 차이가 있습니다.

  그리고 이것이 암웨이 세일즈 마케팅 플랜의 가장 우수한 점인 것은 말할 필요도 없습니다. 결국 암웨이 비즈니스의 출발선은 똑같고, 누구라도 당신을 제쳐 두고 고용하는 일은 없으며, 승진하는 일도 없습니다. 모든 스폰서는 새로운 디스트리뷰터에 대해 자신이 해 왔던 비즈니스의 과정을 설명하고, 흥미를 갖게 하면서 '함께 합시다'라고 북돋우고, 비즈니스를 시작하면 됩니다.

  또 '관리'와 '리드'의 사이에는 이런 차이점도 있습니다. 당신에게 또 하나 떠오르는 것이 있으리라 생각되지만, 종교와 정치 등의 세계에는 리더라고 하는 말은 있지만 경영자(관리자)라고 하는 말은 없습니다. 그들은 그들의 그룹 소속원들을 관리하는 것이 아닌 리드하지 않으면 안되는 것입니다. 또한 그들 이후에 계속되는 사람들은 자동적인 의지로 행동할 사람들이기 때문입니다.

  당신의 미래에 계속될 사람들 또한 능동적, 자발적으로 행동하는 사람들입니다. 또한 이 사람들이 암웨이 비즈니스에 참가하는 누구에게 종속되지 않고 독립적으로 사업할 수 있다는 점입니다. 결국은 자기 자신의 비즈니스라고 하는 자각입니다.

그리고 당신이 그들을 계속 리드하는 한, 그들은 당신의 리더십을 받아들이게 될 것입니다. 또한 당신 자신이 그렇게 생각하고 있다면 우선 제일 처음으로 관리해야 할 사람은 바로 당신 자신일 것입니다. 만약 당신이 그것을 해낼 수 있다면 다른 많은 사람들을 관리할 수 있게 되는 것입니다.

상이 상을 준다(칭찬이 칭찬을 낳는다)

인간이라면 누구나 남에게 인정받는 것을 좋아합니다. 그렇다고 해서 인정받는 경우가 자주 생기는 것은 아닙니다. 왜냐하면 타인의 나쁜 면에 대해서는 불평을 하기도 하고 좋은 면에 대해서는 지극히 당연하다고 묵살해 버리는 것이 인간의 본성이기 때문입니다. 그렇기 때문에 정말 사사로운 일이라도 칭찬해 주면 오래오래 마음 속에 기분 좋은 인상으로 남게 되는 것입니다.

표창이라고 하는 것은 어떤 것이든 새로운 발상은 아닙니다. 어떤 경영자의 지침서에도 칭찬에 대한 가치를 강조하고 있듯이 실제 어려운 것도 아닙니다. 무엇보다도 그에 걸맞는 한두 마디의 말을 건네주는 것이 중요합니다.

이것이 암웨이가 실버 프로듀서(SP) 배지에서 크라운 앰배서더DD에 이르기까지 일련의 표창 제도를 마련하고 있는 것도 이같은 이유 중의 하나입니다. 이러한 상은 한 사람 한 사람의 디스트리뷰터에게 일련의 목표를 부여합니다. 그리고 모든 스폰서에게 이러한 상은 공식 석상에서 타인을 칭찬할 수 있는 멋진 구실이 될 수 있습니다.

그러나 훌륭한 리더는 칭찬을 위한 특별한 구실을 필요로 하지는 않습니다. 그러한 것들은 사람들 속에서 자연스럽게 발견될 수 있습니다. 만약 지금 상태에서 당신의 눈에 아무 것도 들어오지 않는다면 상대의 입장이 되어 사물을 볼 수 있도록 노력해 보십시오. 그러면 칭찬이 될 수 있는 것이 그의 주변에 많이 있다는 것을 발견할 수 있을 것입니다. 그것을 공적인 자리에서 열심히 발표해 주십시오. 그럼 무슨 일이 일어날까요? 당신이 우선 알게 되는 것은 남들도 당신을 칭찬하기 시작했다는 것입니다.

평범에서 탈피

지금까지의 자신의 인생을 돌아보면 매일 같은 것이 반복된다는 것을 발견하게 됩니다. 어떤 것들이 다른 무엇을 할 수 없게 했던가, 혹은 더 좋은 방법이 있지는 않았는지 반성할 일이 많다고 생각합니다. 또 대부분의 사람들은 이유야 어떻든 간에 자신의 생활과 인생이 위협받는 것을 좋아하지 않습니다. 타인의 인생이 운명에 반역되는 것을 보는 것에는 인색하지 않으면서 자신의 생활이 불안하게 되는 것은 절대로 안된다고 생각합니다. 그러한 사람은 그럭저럭 생활이 가능한 만큼의 수입과 그에 동반하는 약간의 저축만 있으면 충분하다고 생각합니다. 때로는 그러한 생활을 '무료한 생활'이라고 불평하는 일도 있습니다. 그래도 그와 같은 생활에 철저히 매달려 살고 있습니다.

이러한 경향은 우리 암웨이 조직 속에서도 보여집니다. 비약적으로 무언가 새로운 것을 추구하여 디스트리뷰터가 되기보다 소규모 그룹 상태에 만족해하고 있는 디스트리뷰터가 많이 있습니다. 그 사람들은 소매 활동은 하면 안되는 것으로 계속 알고 지냅니다. 특히 스폰서 활동은 '책임'을 동반하기 때문에 아주 큰일인 것으로 느끼고 있을지도 모릅니다.

당신은 현실에 만족하십니까? 만약 그렇다면 그것으로 되겠지요. 옳다 그르다 말할 생각은 없습니다. 하지만 어째서 현실에 만족하고만 있는 것입니까? 그렇지만 스스로 나아가다 보면 자신의 가능성을 발견하게 될 것입니다.

그리고 결과는 안심할 만큼 나쁘지는 않을 것입니다. 그렇다면 다시 한 걸음씩 암웨이 비즈니스에 한 걸음 내디뎌 보는 것은 어떻겠습니까? 적극적으로 암웨이 비즈니스에 임하는 것은 당신의 숨겨진 재능과 능력을 발휘할 수 있는 기회인 것입니다. 그리고 암웨이 비즈니스에 있어서 '책임'이라는 말을 리더십과 동의어라고 생각해 주십시오. 그렇게 되면 당신도 훨씬 크게 성장하고 그것을 즐길 수 있게 되는 것입니다.

견본의 힘

'사자에게 쫓기는 양의 무리는 양에게 쫓기는 사자 무리보다 강하다' 라는 말이 있습니다.

기업에 있어서의 관리직 선정은 상급 관리직에 의해 이루어지는 것이 보통으로 그 기준은 리더십을 발휘할 수 있는 소질을 갖추고 있는가, 아닌가 하는 점이 기준이 됩니다. 그러나 실제로 선정할 때 필요한 인원수에 대한 자격자의 수가 많을 경우는 어떻게 하면 좋을까요. 당신에게 그 자격이 있다 해도 뽑히지 않았다면 다음 기회를 기다릴 수밖에 없습니다.

사실 우리들 암웨이 비즈니스에 있어서의 리더라고 하는 것은 보통의 기업과는 꽤 차이가 있습니다. 상급 관리직의 급여는 완전히 없고, 리더가 될 수 있는가 아닌가는 모두 본인에게 달린 것입니다. 결국 디스트리뷰터가 한 사람 스폰서하면, 그 시점에서 당신은 이제 리더인 것입니다. 당신이 자신의 스폰서를 받드는 것처럼 당신이 스폰서한 디스트리뷰터는 자동적으로 당신을 지도자로서 신뢰할 것입니다.

거기에서 당신은 좋은 지도자로서 동시에 그룹의 디스트리뷰터들에게 좋은 견본이 되도록 리더십을 발휘하지 않으면 안됩니다.

우선 첫 번째로 그들에게도 가능하다는 것을 스스로 행동으로 나타내는 것이 중요합니다. 누군가가 모르는 사람이 아니라 그들이 개인적으로 잘 알고 있는 사람이 실제로 행동하여 보여주는 것이 중요한 것입니다. 그렇다면, 그들에게 무엇을 보여주는 것이 좋을까요. 그것은 말할 것도 없이 소매 활동과 스폰서 활동입니다.

이 두 가지야말로 암웨이 비즈니스에서 가장 중요한 것입니다. 디스트리뷰터들이 모든 수입을 바탕으로 그룹의 번영을 약속하는 것은 당연히 이러한 활동입니다. 결국 당신의 그룹이 순조롭다고 하는 것은 영원히 성장을 계속하는 그룹을 손에 넣었다는 것이 됩니다.

'당신은 이미 어떤 사람들로부터 견본이 되어 있다.'라는 것을 잊지 말아 주십시오. 당신이 열심히 일하면 그러한 행동이 그룹을 강화시킵니다. 결국 최강의 군대는 사자에게 쫓기는 사자의 무리라는 의미입니다.

판에 박힌 일의 틀에서 친구들을 해방시키자

당신은 이제까지 자신이 '판에 박힌 일의 틀' 속에 빠져 있다고 느꼈던 적은 없습니까? 자신이 옳게 평가받고 있지 않았다던가, 다른 희망하는 부서에 옮겨가는 것도 불가하다든가 등 그러한 환경에 빠졌던 적은 없었습니까? 대개의 사람이 이같은 경험을 하고 계시겠지요. 그리고 필시 자신도 암웨이 사업에 참가하기 전에는 다음과 같은 환경에서 나날을 보내지 않았을까요.

다음 단계의 걸음이 확실하지 않다: 당신이 맡고 있는 한

도에서는 자신과 똑같은 일에 임하고 있는 사람이 승진한 예가 없다. 결국 최후까지 똑같은 지위에 머무르게 되는 것이다.

연수에 참가할 수 없다: 연수에 참가하지 못한다. 하지만 상사는 당신의 지위가 당신에게 제일 어울린다고 생각하고 있다. 그리고 당신은 자기 자신을 잃은 것처럼 느끼고 있다.

최고의 급여: 자신의 업무 범위에서는 최고의 급여에 도달되고 있으며 그 이상은 바랄 수 없고 또 앞으로 나갈 길도 없다. 그렇다면 왜 당신은 보다 좋은 일에 노력하지 않는 것일까요?

자신과 맞지 않는 진로에 있다: 자신은 이 일에 충분히 노력해 왔다. 그러나 도중에 잘못된 계단을 밟기도 하고 틀린 문을 열어 통로에서 이탈하고 말았다. 그리고 회사에서는 당신이 승진에 필요한 경험이 결여되어 있다고 주장하고 있다.

건널 다리가 없다: 자신 앞에 또 진로는 없다. 때문에 출발점으로 되돌아가 시작하지 않으면 다른 분야로의 이행이 불가하다.

이와 같은 환경 속에서 당신은 얼마든지 불만을 느끼고 있었을 것입니다. 그러나 지금은 그것은 자신만이 아닌 다른 많은 친구들도 느끼고 있다는 것을 알고 있습니다. 의사도, 접시 닦기도, 어떤 직업에 어떤 일이라도, 사람이 손에 넣을 수 있는 수입액, 승진, 표창에는 한도가 있습니다.

그러나 암웨이 비즈니스는 당신의 몇 가지 벽을 무너뜨릴 수 있도록 다른 사람들에게도 동일한 일이 가능하게 되는 것입니다. 주위의 친구들을 둘러보십시오. 그리고 '판에 박힌 일의 틀'에서 자유로워 질 수 있도록 도움을 줍니다. 이것이 스폰서 활동의 모든 것입니다.

그룹을 팀으로 바꾼다

두필의 말은 한 필의 말보다 2배 이상의 짐을 끌 수는 있지만, 두필을 팀으로 하여 일하도록 훈련시키면, 3배의 짐을 끌 수 있다고 합니다.

이것은 디스트리뷰터 모두에게 있어서 들을 만한 가치가 있는 격언입니다. 만약 당신이 자신 그룹의 디스트리뷰터들에게 비즈니스에 대한 의욕을 계속 갖게 한다면 당신 팀은 한 사람, 한 사람의 역량을 합친 것 이상의 성과를 올릴 수 있게 되겠지요. 그러나 그것은 어떻게 하면 될까요. 우선은 '표창'입니다. 팀육성을 위해 반드시 해야 할 것은 한 사람, 한 사람의 업적 표창의 기회를 보다 많이 베푸는 것입니다. 암웨이가 성적 우수자에게 배지 수여를 하는 것도 그러한 이유에서입니다.

이같은 표창에 의해 사업에의 새로운 의욕을 일으킴과 동시에 자신들 팀에 대한 높은 신뢰와 보다 높은 상위의 레벨에 이르고 싶다는 바램이 생겨나는 것입니다. 그 뿐만 아니라 결코 다시는 후퇴하지 않으리라는 강한 결의도 생깁니다.

우리들이 시합을 관전하고 있으면, 역전으로 게임이 끝나는 경우가 종종 있습니다. 그리고 강한 팀워크를 갖고 있는 팀이 유명한 선수가 모여 있는 인기 팀을 승리하는 일도 있습니다. 이러한 것들이 그것을 증명해 줍니다.

어떤 사업에도 장애와 폐해는 일어날 수 있는 것이지만, 팀워크야 말로 그러한 것에서 이길 수 있는 크나큰 힘인 것입니다. 팀워크에 의해 멤버는 한층 더 서로 협력하여 커다란 힘을 형성하기 때문입니다. 때문에 반드시 당신의 그룹에 팀정신을 불어넣도록 노력해 주십시오.

그것은 당신을 위한 것뿐만이 아니라 멤버를 위한 것도 되는 것입니다. 그 노력은 즐겁게 맞아들일 수 있겠지요. 그것은 그룹의 소매 활동뿐만 아니라 당신과 멤버 사이의 우정에도 크게 공헌하는 것이기 때문입니다.

고객이 아닌 사람을 영원한 단골로 만드는 비법

당신의 주변에 있는 사람 중 아직 암웨이의 단골이 아닌 사람에게 그 이유를 물어 보면, 여러 가지 있을 수 있지만, 아마 다음과 같은 이유가 대부분일 것입니다.
① 당신의 제품을 아예 모른다.
② 당신의 제품을 안다 해도 이를 구할 수가 없다.
③ 당신 제품의 필요성을 느끼지 못한다.
④ 당신의 제품을 대체 어디에 쓰면 좋을 지를 모른다.
⑤ 당신으로부터 좋은 서비스를 받을 것이라고 생각지 않는다.

⑥ 단순히 경쟁사 제품을 더 좋아한다.

⑦ 아직 어떤 디스트리뷰터도 찾지 않았다.

이것이 바로 현재 우리의 고객이 아닌 사람들이 내세우는 이유들입니다. 만약 암웨이 디스트리뷰터가 이런 점을 잘 알고 효과적으로 대처한다면 반드시 좋은 결과를 올릴 수 있을 것입니다. 당신이 아는 주위 사람 중 아직 고객이 아니거나, 한 두번 구매 후 더이상 제품을 사지 않는 사람이 있다면 지금 당장 그들의 명단을 작성해 보십시오.

그리고 한사람도 빠짐없이 그들에게 전화를 하거나 아니면 직접 찾아가십시오. 이들에게 연락할 때는 먼저 정중하고 친절하게 안부를 전한 뒤 정확하고 상세한 제품 설명과 제품 성능을 직접 시범으로써 눈앞에서 보여주고 암웨이가 제공하는 멋진 사업의 기회를 전해 주십시오.

제품을 성공적으로 판매하고 난 후에도 그 고객에 대한 서비스에 한점 소홀함이 없이 최선을 다해 그들을 찾고 보살펴 주십시오. 이럴 경우, 필시 그들은 당신의 단골로 오래도록 남을 것입니다.

고객의 불만을 전화위복의 계기로

사업을 하다 보면 필시 접하게 되는 고객의 여러 가지 불만의 소리. 성공한 디스트리뷰터라면 이를 결코 귀찮게 생각하지 않습니다. 오히려 자신과 암웨이에 대한 고객의 애정과 신뢰를 구축하는 전화위복의 기회로 삼고 있습니다. 고객의 불평 소리를 접하면 당황하지 말고 일단 침착하게 정신을 가다듬고 다음과 같은 방법으로 해결을 도모해 보십시오. 그들의 불만이 땡볕 아래 얼음처럼 사르르 녹고 말 것입니다.

고객의 편에 서서 그들의 얘기를 경청하라.

고객의 소리를 하나도 빠짐없이 귀담아 들으며 그들의 불만 해소와 만족도 증진을 위해 최선을 다하고 있음을 보여줘야 합니다. 고객의 불만에 대해 결코 다른 사람을 비난하거나 핑계를 대서는 안됩니다. 대신 자신이 전적으로 책임을 지고 신속한 해결을 위해 최선의 노력을 해야 합니다.

고객이 원하는 바를 정확히 파악하라.

그들이 원하는 바가 제품의 교환인지 아니면 환불인지를 분명히 파악해야 합니다. 즉, 그들이 원하는 바와 불만 사항을 정확히 알아야 대책을 세울 수 있는 것입니다. 불만의 원인을 파악한 후 만족스런 해결책을 제시한다면 큰 소리로 불만을 토로하던 고객도 잠잠해질 것입니다.

문제 해결 후 반드시 사후 확인 전화를 하라.

문제가 일단락 되었다고 해서 고객을 모른체 해서는 안됩니다. 대신 수시로 전화를 하여 고객의 만족도 제고를 위해 늘 최선의 노력을 다하고 있다는 모습을 보여줘야 합니다. 그럴 때만이 고객 만족을 위한 당신의 노력이 빛을 발할 것입니다.

고객의 체면을 최대한 살려라.

당신 혼자서는 어쩔 도리가 없는 무리한 요구를 고객이 하면 그러한 요구를 받아들일 수 없다는 것을 즉시 알려야 합니다. 그러나 이들이 틀렸다는 말을 하거나 쓸데없는 논쟁에 휘말려서는 안됩니다. 고객에게는 늘상 예의바르고 사려 깊게 대해야 하며 그들의 작은 소리 하나 하나에 늘 주의를 기울여야 합니다. 종종 고객들은 당신의 힘으로는 어떻게 할 수 없다는 것을 잘 알면서도 억지 주장을 펼 때가 있습니다. 바로 자신의 얘기를 귀담아 듣고 맞장구를 쳐주는 사람을 간절히 원하기 때문입니다.

옛말에도 있듯이 "고객은 무조건 옳다."라는 신조로 대해야 합니다. 그런 식으로 고객을 받들고 진심으로 위할 때만 그들이 당신과 암웨이의 단골로 남고, 당신의 암웨이 사업 성공을 보장해 줄 것입니다.

남보다 한발 먼저 앞서 나가는 지혜

미국의 세계적 발명왕 토마스 에디슨(Thomas A. Edison)은 전기를 모으는 방법을 찾아 인류에게 밤에도 빛을 선사하는 백열전등을 발명하였습니다. 또한 축음기를 발명하여 아름다운 음악을 들려주기도 하였습니다. 인류의 역사를 뒤바꿔 놓은 이같은 발명품은 그의 귀가 들리지 않던 노년기에 이룬 쾌거였습니다.

한 기자가 그에게 "귀가 잘 들리지 않는 것이 큰 장애가 되지 않습니까?"라는 질문을 한 적이 있습니다. 이에 에디슨은 "그와 정반대입니다. 귀가 먹은 것이 오히려 저에게는 큰 재산이었습니다. 잘 들리지 않으니 쓸데없는 소리는 듣지 않아도 되고 겉으로가 아니라 마음 깊은 곳에서 우러나오는 진실의 소리를 들을 수 있으니까요."라고 답했습니다.

만번의 실패 끝에 마침내 백열전등 발명에 성공했다고 하면서 이제 자신은 실패하지 않을 만가지 비법을 터득했다고 자랑스레 말하는 에디슨의 태도에서 우리는 역경을 오히려 도약의 기회로 생각하는 긍정적인 사고와 인내가 성공의 비결임을 알 수 있습니다. 에디슨은 어떤 실패나 역경 속에서도 결코 좌절하거나 낙담하지 않고 끈질기게 새로운 방법을 모색하고 활로를 찾아 마침내 성공을 거둘 수 있었던 것입니다.

암웨이 사업에서도 이같은 "인내"는 매우 중요합니다. 우리 앞에 가로놓인 어떤 장벽이나 실패에 물러서지 않고 오히려 이를 전화위복의 기회로 삼아 자신이 세운 목표를 향해 꾸준히 나아간다면 오래지 않아 자신의 꿈과 목표를 손에 쥘 수 있을 것입니다. 중요한 것은 당신이 암웨이 사업을 통해 얻을 수 있는 기회를 결코 놓치지 않겠다는 강한 의지와 끈질기게 목표를 향해 전진해 가는 인내심입니다.

에디슨의 경우에서 보듯 성공을 거둔 사람은 바로 자신 앞에 펼쳐지는 미래의 꿈을 위하여 최선을 다한다는 것입니다. 암웨이 사업에서 성공을 거둔 우리 주변의 사람들도 예외는 아닙니다. 그들은 결코 과거의 실패에 연연해하지 않고 오직 자신의 목표를 향해 묵묵히 노력한 결과 오늘의 성공을 거둘 수 있었습니다. 다른 사람들이 앞서가기전 그들은 긍정적인 사고와 넘치는 자신감을 바탕으로 남보다 앞서 새로운 길을 개척하고 노력을 아끼지 않아 오늘의 영광을 안을 수 있었습니다.

리더십 배양을 위한 도움말

당신의 말을 다른 사람들에게 경청케 하는 방법

① 당신이 말하고자 하는 주된 내용이 무엇인지 밝힌다. 이 같은 내용은 서두에 꺼내는 것이 좋다.

② 자신이 먼저 남의 얘기에 경청해야 한다. 다른 사람들의 얘기에 경청할 때만이 그들을 이해할 수 있고 존경심을 유발할 수 있으며 결국 자신의 얘기에도 경청하게 된다.

③ 자신의 얘기에 깊은 관심을 가지고 끝까지 경청할 수 있는 자세를 깃춘다. 사람들은 연사가 아주 유쾌하고 무엇이든지 할 수 있다는 자신감을 과시하고 다른 사람이나 사물에 대해 불평을 하거나 비난을 하지 않을 경우, 그 얘기에 경청한다.

④ 별로 인기가 없는 아이디어도 쉽게 수용하라. 당신이 말하는 것이 별로 흥미가 없을 지라도 정직하고 분명하게 말한다면 당신의 의견에 무게가 실리고 수용이 한결 용이

해질 것이다.

⑤ 항상 자신감을 가져야 한다. 자신감이 넘치면 기대했던 것 보다 일이 훨씬 더 잘 풀릴 수 있으며 성공은 존경심을 유발시킨다. 긍정적이고 자신감 넘치는 자세는 다른 사람들에게도 똑같은 영향을 끼치므로 당신이 하는 얘기도 훨씬 더 경청하게 된다.

⑥ 당신의 얘기를 듣는 사람들로부터 신뢰와 존경심을 구하라. 사람들의 신뢰를 얻으면 그들은 자연 당신의 얘기를 경청하고 믿게 된다. 늘 진실된 자세로 임함으로써 그들의 신뢰를 얻도록 하라.

모든 다운 라인 디스트리뷰터들로부터 존경을 한 몸에 받을 수 있는 비법 9가지

① 항상 다운 라인들을 앞세우며 그들의 중요성을 부각하라. 다운 라인 보다 자기 자신이 중요하다는 인상을 심어 주는 언사나 행동은 절대금물.

② 당신의 목표나 비전을 적극 알려라. 다운 라인을 어디로 이끌어 갈 것임을 분명히 제시하고 당신의 목표가 진정 가치 있는 것임을 확신시킨다.

③ 당신이 그들로부터 대접받기 원하는 것처럼 다운 라인을 대하라.

④ 당신 자신과 그룹의 모든 행동거지에 대한 일체의 책임을 져라. 그리고 실수에 대해선 지체없이 이를 인정한다.

⑤ 항상 앞장서서 솔선수범하라. 다운 라인을 이끌 땐 막무

가내로 밀어붙일 것이 아니라 앞장서서 적극 잡아당겨야 한다. 그렇다고 해서 불쑥 앞으로 튀어 나가 "내가 리더다. 자 나를 따라라!"하고 말로만 앞세우는 것은 안된다. 말보다는 늘 행동으로 모범을 보여야 한다.

⑥ 높고 원대한 목표와 기대 수준을 설정하라. 목표가 크고 기대 수준이 높을 때만이 더욱 좋은 결과를 낳을 수 있다.

⑦ 목표 달성을 향해 나아감에 있어 다운 라인의 도움을 적극 구한다. 이렇게 함으로써 그들도 당신의 목표를 자신의 목표로 삼고 이의 달성을 위해 총매진하게 된다.

⑧ 다운 라인과 정보를 공유하라. 정보를 혼자서만 독식하는 리더는 결코 다운 라인의 마음을 움직일 수 없다.

⑨ 당신이 아니라 다운 라인 스스로가 생각하고 일을 수행할 수 있도록 하라. 다운 라인에겐 단지 당신의 목표만 밝히고 이의 달성을 위한 중간 과정은 모두 그들에게 맡겨야 한다.

암웨이 사업 리더가 되는 길

암웨이 디스트리뷰터에게 고객의 반대나 질문은 결코 낯선 존재가 아닙니다. 이런 문제는 당신이 제품을 팔고 새로운 사람을 찾아 후원 활동을 멈추지 않는 한 수시로 부딪히게 될 것입니다. 오랫동안 판매에 몸담아 온 사람이라면 종종 판매나 후원 활동에서 접하게 되는 부정적인 반응을 지극히 정상적이며 오히려 이를 크게 환영해야 할 일이라고 말할 것입니다.

일단 그들이 반응을 보였다는 사실은 그들이 당신의 제품과 사업에 대해 생각을 해 보았다는 것을 입증합니다. 그러므로 당신이 접촉한 사람이 부정적인 반응을 보였다고 해서 당황하거나 두려워 마십시오. 오히려 그들이 품고 있는 궁금증을 속시원히 해결해 줌으로써 확실한 고객으로 만들고 가능하면 후원까지 성공으로 이끌어 보십시오.

가끔씩 대하는 고객의 부정적인 반응을 완전히 제거할 수는 없습니다. 그러나 이 같은 문제를 줄일 수 있는 확실한 방법이 있습니다. 아래 5가지 방법으로 당신의 암웨이 사업을 활짝 꽃피워 보십시오.

첫째, 고객의 궁금증이나 질문을 피하지 말고 정면으로 대처하여 의연하고 정직하게 대답하십시오.

둘째, 절대적인 가격보다는 당신이 제공하는 제품과 서비스의 진정한 가치. 즉, 우수한 품질을 강조하십시오.

셋째, 당신이 현재 행하고 있는 판매 방식과 암웨이 사업 소개 방법을 철저하게 분석하고 평가하십시오. 암웨이 제품을 구입하고자 하는 고객이나 사업에 관심이 있는 사람을 만날 때는 자신의 실제 경험에서 우러나오는 진실된 이야기를 솔직히 전하고 그들이 늘 필요로 하는 것이나 관심 사항에 초점을 맞춰 이야기를 전개하십시오.

넷째, 당신과 암웨이가 가진 장점을 놓치지 말고 전하십시오.

다섯째, 당신이 가지고 있는 최대의 무기, 바로 그 끝없는 진실과 성실을 바탕으로 판매와 후원 활동에 임하십시오.

암웨이 사업의 성공, 바로 여러분의 태도에 달려 있습니다

무슨 일에 있어서나 자신이 목표로 하는 일에 성공을 거두는 사람과 그렇지 못한 사람의 가장 큰 차이점은 자신의 태도에 있습니다. 그렇다면, 과연 승리자가 갖춰야 할 자세나 태도는 무엇일까요?

첫째, 승리자는 자신이 실수를 범했을 때 솔직히 자기의 잘못을 인정합니다. 그리고 다시는 그와 같은 잘못을 되풀이하지 않기 위해 실수의 원인을 분석하여 철저히 대비를 합니다.

둘째, 풀기 어려운 문제나 상황에 부딪히면 이를 피하기보다는 정면으로 맞서서 문제 해결을 시도합니다. 만약 처음에 시도한 것이 생각과 달리 잘되지 않는다면 문제를 완벽히 해결할 때까지 끝까지 최선을 다합니다. 그가 시도하는 모든 것이 뜻대로 되지는 않겠지만 최선의 노력을 쏟는다면 그래도 실패보다는 성공 확률이 훨씬 많습니다.

셋째, 성공을 거두는 사람은 항상 남의 말을 경청합니다. 그 스스로 모든 문제에 대한 해답을 알지 못하다는 것을 깨닫고 항상 남에게서 배우고 익히는 데 최선을 다합니다.

넷째, 승리자는 할 일이 너무 많아 남의 흉허물을 찾아내는데 소중한 시간을 허비하지 않습니다. 그는 자기 자신이 완벽하지 않다는 것을 잘 알고 있어 결코 남을 비난하지 않습니다.

다섯째, 승리자에게 실패란 거듭되는 성공이 한번쯤 쉬는 시간에 불과합니다. 따라서 실패를 두렵게 생각하지 않습니다.

여러분 모두 암웨이 사업의 승리자가 되십시오. 그리고 보다 큰 성공을 위해 최선의 노력을 아끼지 마십시오.

성공의 첫걸음… 배우고 익히는 것

한 아버지가 어린 아들을 데리고 산책을 나섰습니다.

집을 나서기 무섭게 아버지는 아이의 질문 공세에 휩싸이게 되었습니다. 첫번째 질문은, 어떻게 전기가 전신주 사이의 줄을 타고 흐르는가에 대한 것이었습니다.

아버지의 대답은, "전기에 대해선 아는 것이 별로 없어 잘 모르겠는데."였습니다.

조금 더 가자 이번엔 느닷없이 천둥과 번개는 왜 생기는지를 물었습니다. 아버지는 솔직히 자신도 아직 그 문제를 궁금히 여기고 있다고 고백했습니다. 그 밖에도 아이의 질문은 끊이지 않았습니다. 그러나 아버지는 그 어떤 것도 속시원히 답해 줄 수 없었습니다. 이윽고 집에 되돌아올 무렵 애가 이렇게 말하는 것이었습니다. "아빠, 제가 너무 많은 것을 귀찮게 물었죠? 정말 죄송해요." 얼굴 가득 미소를 지은 아버지는 "괜찮아, 궁금한 것을 그렇게 묻지 않으면 어떻게 배울 수 있겠니?"라고 다독거려 주었습니다.

그러나 그 애가 조금 크고 나면 좀처럼 이같은 질문을 던지지는 않을 것입니다. 하지만 이것은 매우 불행한 일입니다. 새로운 사물에 대한 호기심과 무엇인가를 배우고자 하는 욕망은 결코 짓눌러서는 안됩니다. 그보다는 아무리 사소한 물음에도 귀기울이고 이같은 자세를 성원하고 격려해 주는 것이 절대 필요합니다.

암웨이 사업에서도 마찬가지입니다. 다이렉트 디스트리뷰터를 비롯한 상위 후원자는 다운 라인 디스트리뷰터를 위해 모범을 보이지 않으면 안됩니다. 만약 리더라고 하는 이들이 배우기를 중단하고 더 이상의 발전과 성장을 꾀하지 않으면서 다운 라인 디스트리뷰터들이 그렇게 하기를 바란다는 것은 어불성설입니다. 항상 배우고 연구하는 노력을 게을리 할 땐 겉으로 제아무리 그럴듯한 말과 행동으로 치장한다 해도 다운 라인 디스트리뷰터의 눈에는 허장성세로 밖에 보이지 않을 것입니다.

성공의 비결 — 끊임없는 노력!

당신의 일평생 꿈, 반드시 이룰 수 있습니다. 끊임없는 노력만 지속된다면 지금 상황이 어떠하든 반드시 그 꿈을 이룰 수 있습니다.

미국의 석유 재벌 폴 게티는 성공의 비결을 묻는 질문에 단 두마디 "끊임없는 노력"이라고 답한 바 있습니다. 노력은 어느 특정인의 소유물이 아닙니다. 당신도 최선의 노력을 기울일 수 있습니다. 현재 처한 어려움이 크면 클수록 이를 극복하기 위해선 더욱 큰 노력이 필요합니다. 노력한 만큼 그 결실은 커지고 성공의 확률 또한 높아질 것입니다.

즉, 당신이 처한 현재 상황이 힘들거나 일생의 꿈이 크면 클수록, 당신 스스로 이의 달성을 위해 더 많은 노력을 쏟을 것이므로 어렵게 보이는 일생의 꿈도 무난하게 달성할 수 있을 것입니다. 실제 우리 주변을 둘러보면 넘어야 할 장벽이 많은 사람일수록 성공의 기회를 더욱 많이 갖는 것을 자주 발견하게 됩니다.

그것은 극히 당연한 일입니다. 왜냐하면 최선을 다해 노력하지 않으면 실패하고 만다는 것을 그들은 이미 알고 있기 때문입니다.

반대로, 별 어려움을 모르고 살아온 사람일수록 위기에 대한 대처 능력이 부족합니다. 그들은 무슨 일에 어느 정도의 노력을 쏟아야 하는지를 잘 모르므로 어떤 상황이 발생했을 때, 자신의 역량을 최대한 발휘하기가 힘이 듭니다. 이런 식으로 세상을 살다 보면 자기보다 환경이 훨씬 열악했던 사람들보다도 못한 삶을 영위할 경우가 많습니다.

그러나 이런 사람들도 끊임없이 스스로 동기를 부여하고 더욱 열심히 노력한다면 분명 그들이 세운 목표를 이룰 수 있습니다. 당신의 현재 상황이 좋든, 나쁘든 간에 일평생 꿈이 무엇이든 간에 더욱 더 많은 노력을 쏟는다면 어렵지 않게 그 꿈들을 하나 둘 이룰 수 있을 것입니다.

비단 노력 외에도 성공에 이르게 하는 방법은 무궁무진합니다. 그러나 노력이야말로 당신이 소망하는 꿈을 가능하게 하는 열쇠임을 잊지 마십시오.

여러분의 꿈을 정녕 이루고 싶다면 노력을 더욱 열심히 하십시오. 노력을 쏟다 보면 꿈의 달성에 필요한 수단이나 방법을 찾을 수 있을 것입니다. 당신이 가질 수 있고 믿는 모든 꿈, 그 꿈은 반드시 실현될 수 있습니다.

고객이 원하는 암웨이 디스트리뷰터상

고객이 원하는 완벽한 암웨이 디스트리뷰터상은 다음과 같습니다.

늘 신뢰감을 주고 예의가 바르며 지식이 풍부한 사람.

고객의 요구나 기대 사항에 민감하고 적절히 부응하는 사람.

언제나 도움을 주려는 자세가 되어 있는 사람.

고객이 하는 말에 늘 귀 기울이는 사람.

고객에게 자신감을 부여하는 사람.

찾고 싶을 때 쉽게 연락이 닿는 사람.

고객의 문제를 신속히 해결하는 사람.

늘 고객의 이익과 편의를 위해 일하는 사람.

신속한 서비스를 제공하는 사람.

고객을 돕기 위해 무슨 일을 어떻게 할 것이라고 분명히 밝히는 사람.

고객의 근심, 걱정거리를 자기 일처럼 염려하는 사람.

한마디로 말해, 고객이 원하는 디스트리뷰터는 고객이 말하기 전에 자신이 먼저 솔선 수범하여 적극적으로 행동하고 신속하게 반응하며 늘 깊은 애정과 정성으로 모시는 사람입니다. 여러분 모두 고객이 바라는 모범 디스트리뷰터가 되어 모두들 성공의 세계로 진입하시길 바랍니다.

유도탄의 원리를 배우자!

유도탄에는 표적을 정확히 적중시키는 자동 유도장치가 있습니다. 이 자동 유도장치는 미사일의 진로에 차질이 생겼을 경우, 다시 본 궤도로 수정시켜 표적에 적중시키는 역할을 합니다. 여기서 한가지 재미있는 점은 오직 미사일이 운행 중일 때에만 미사일의 진로 수정이 가능하다는 것입니다.

미사일이 멈추고 있을 때는 진로를 수정할 수도 없고, 또 그럴 필요도 없습니다. 이러한 유도탄의 원리에서 우리는 몇 가지 배울 점들을 발견할 수 있습니다.

첫째, 목표를 가져야 한다는 것입니다. 자신의 인생에서 꼭 성취하고자 하는 특별한 인생의 목표를 가져야 합니다.

미사일이 한곳의 표적을 향해 나아가는 것처럼 우리도 우리 자신의 목표를 향해 전진해야 합니다.

둘째, 목표를 향해 나아가다 보면 예상치도 않은 실수나 어려움에 빠지기도 합니다. 실수를 범했을 때 그 실수를 인정하고 받아들일 줄 알아야 한다는 것입니다. 자신의 실수를 인정하지 않는다면 정작 수정이 필요할 때 그 사실조차 알지 못하게 될 것입니다.

셋째, 단 한번의 실수라 해도 이를 수정할 수 있는 수정안이 있어야 합니다. 더이상 자신의 실수 때문에 당황하거나 부끄러워할 필요는 없습니다. 인생의 목표에 정확히 도달하기 위해서는 자신의 실수를 인정하고 받아들이며 수정하는 과정이 필요합니다.

미사일이든 사람이든 간에 그들의 목표에 곧바로 직선으로 도달하지는 못합니다. 중요한 것은 목표를 향해 가는 도중 발생한 착오에 대해 수정할 수 있는 장치가 있느냐 하는 것입니다. 미사일과 사람은 모두 완벽하지 않으며 또한 완벽할 필요도 없습니다. 그러기에 자연스럽게 일어날 수 있는 실수에 대해 좌절하거나 부끄러워할 필요가 없습니다. 기억해야 할 것은 실수를 다시 수정하여 목표까지 도달할 수 있도록 만드는 자동 유도장치를 입력시켜야 한다는 것입니다.

인생의 완벽한 목표를 가지고 있습니까? 수많은 목표를 지향하고 있습니까? 아니면 가장 중요한 하나의 목표만을 추구하고 있습니까? 만약 유도장치가 동시에 여러 가지 다른 방향으로 인도한다면 얼마나 혼란스럽고 쓸모 없는 것이 될지 생각해 보십시오. 그것은 인생에서 너무나 많은 것을 성취하기 위해 헛되이 시간을 낭비하는 사람과도 같습니다. 분명한 한가지 목표를 가진 사람이 여러 가지 목표를 가진 사람보다 더욱 능률적이고 효과적으로 자신의 목표에 도달할 수 있습니다.

목표를 향해 계속 전진하고 있습니까? 만약 전진하지 않는다면 유도장치는 작동할 수도 없고 방향을 수정할 수도 없습니다. 그러므로 계속 전진해야 합니다. 결코 실수에 대한 두려움으로 주저하지 마십시오. 앞으로 전진할 때만이 실수를 수정할 수 있습니다. 인생은 자전거를 타는 것과 같습니다. 움직일 때만이 잘못된 방향을 쉽게 수정할 수 있습니다. 한 번 멈춰 버리면 평형을 잃고 비틀거리다가 넘어질 것입니다.

실수는 인생의 다양한 활동 분야에서 갑자기 생겨납니다. 실수를 인정하고 수정하는 시간이 빠르면 빠를수록 정도에서 벗어나 방황하는 시간이 그만큼 줄어들고, 보다 빨리 본 궤도로 돌아올 수 있을 것입니다. 실수를 자연스러운 인생의 한 부분으로 인정해야 합니다. 실수로 인해 부끄러워할 필요도 없고, 단순히 성공으로 향한 수정의 과정으로 인식하면 되는 것입니다. 실수를 인정하고 받아들임으로써 쓸데없는 좌절감과 패배 의식으로부터 영원히 자유롭게 될 것입니다.

그러므로 목표를 향해 가장 빠른 길로 인도해 주는 유도장치를 만드십시오. 당신의 목표가 성취될 수 있도록 도와줄 것입니다.

좋은 리더가 되는 11가지 비법

세상에는 두 가지 유형의 사람이 있다고 합니다. 바로, 남 앞에 서서 그들을 진두 지휘하는 리더와 그의 통솔에 따르는 일반 사람들로 나눌 수 있다는 것입니다. 만약 당신이 암웨이 사업의 리더가 되길 원한다면 다음의 11가지 비법을 숙지하고 실천해 보시길 바랍니다. 자신하고는 인연이 없었던 것 같았던 리더로 성큼 다가섰음을 알 수 있을 것입니다.

완벽한 자질 배양

성공적인 리더가 되기 위해서는 아무리 작은 것이라 할지라도 리더에게 필요한 모든 사항을 완벽하게 숙지해야 합니다.

솔선 수범의 자세

리더라고 항상 좋은 것만 하는 것은 아닙니다. 성공적인 리더는 솔선 수범하여 아래 사람들보다 자신이 훨씬 더 많은 일을 수행할 자세가 되어 있어야 합니다.

상부상조의 미덕

성공적인 리더는 일의 수행에 있어서 반드시 서로 힘을 합쳐야 한다는 것을 깨달아야 합니다. 아울러 자기 휘하의 사람들도 협력의 원칙을 준수하도록 유도해야 합니다. 지도력은 힘을 부르고, 힘은 협력을 요구합니다.

원만한 인간성

차림새가 단정치 못하고 부주의한 사람은 성공적인 리더가 될 수 없습니다. 지도력은 존경심에서 우러나옵니다. 리더는 사람의 여러 면모 중에서 어느 하나도 모자람이 없어야 아래 사람들이 존경을 하고 따르게 됩니다.

동정심과 이해심

성공적인 리더는 아래 사람과 동등한 입장에서 그들을 이해하고 대해야 합니다. 여기에 더해 그들이 겪게 되는 각종 문제점을 이해하고 해결책까지 제시해야 합니다.

빈틈없는 계획 수립

성공적인 리더는 일을 수행함에 있어 반드시 계획을 수립하고 계획에 따라 일을 합니다. 실질적이고 뚜렷한 계획도 없이 어림짐작으로 움직이는 리더는 키도 없이 망망대해를 우왕좌왕하는 배와 같습니다. 그러다 보면 그는 결국 암초에 부딪치고 말 것입니다.

백절불굴의 용기

리더는 자기 자신과 자기 일에 대한 확고한 지식과 자신감으로 가득해야 합니다. 자신감과 용기가 부족한 리더의 말을 고분고분하게 들을 아래 사람은 없습니다. 또한 영리한 사람이라면 자신감이 부족한 리더에게는 오랫동안 붙어 있지 않습니다.

투철한 책임감

성공적인 리더는 휘하의 사람들이 범한 실수나 잘못에 대해 전적으로 책임을 질 수 있어야 합니다. 만약 이런 책임을 회피한다면 그는 지도자의 위치를 유지할 수 없을 것입니다. 자기 휘하의 한 사람이 실수를 해서 무능력을 보인다면 그 잘못은 바로 리더 자신에게 있다는 것을 인정해야 합니다.

철저한 자기 통제력

자기 자신을 제대로 통제할 수 없는 자는 결코 다른 사람을 관리할 수 없습니다. 리더의 자기 통제력이 뛰어나면 아래 사람들도 자연히 그를 따르고 본을 받게 됩니다.

공평무사의 원칙

하늘을 우러러 한점 부끄럼 없는 공정성과 평등의 원칙에 입각하여 일을 처리하지 않는 리더는 결코 아래 사람에게 영향력을 발휘하거나 그들로부터 존경을 받을 수 없습니다.

확고한 결단력

자신이 내린 결정에 우유부단하게 임하거나 자신감을 보이지 못하는 사람은 결코 다른 사람을 성공으로 이끌 수 없습니다.

즐겁게 일을 하는 법

성공한 사람들을 보면 모두 자기 일을 무척 사랑하는 것을 알 수 있습니다. 경제적인 풍요와 두터운 신망을 누리는 암웨이 디스트리뷰터들 역시 마찬가지입니다. 늘 즐거운 마음으로 판매와 후원에 임할 때 성공은 그만큼 가까워집니다. 다음에 열거하는 것들은 즐겁게 일을 하는 비법으로 이 비법을 활용하여 여러분의 암웨이 사업을 성공으로 이끌어 보시기 바랍니다.

① 자신이 하는 일로 혜택을 입는 사람들과 대화를 나누십시오. 그들을 위해 베푸는 도움이나 서비스의 중요성을 인식할수록 더욱 즐거운 마음으로 서비스를 베풀 수 있습니다.

② 일을 수행함에 있어 구태의연한 관습에 안주하기보다 항상 혁신적인 사고와 방법을 찾으십시오. 가령, 영업비용은 줄이고 판매고는 올릴 수 있는 방법이나 오래 전부터 골치를 썩이던 문제에 대한 획기적인 해결책을 찾아보십시오. 또한 위험을 두려워 말고 도전적인 자세를 견지하십시오.

③ 자신의 눈과 귀를 항상 즐겁고 유익한 것만 보고 들도록 하십시오. 그리고 만족스런 결과가 나오면 세상이 떠나갈 듯한 함박 웃음을 터뜨려 보십시오.

④ 재치가 넘치면서도 사색에 잠길 수 있는 멋진 경구를 사무실이나 모든 사람들이 볼 수 있는 공공 장소에 붙여 놓으십시오. 이런 경구는 한 달에 한번씩 새롭게 선정하는

것이 좋습니다.

⑤ 재미있는 놀이를 즐길 때의 호기심과 활력을 업무 수행에 그대로 활용하십시오.

⑥ 업무일지나 일기를 매일 기록하십시오. 환희에 찼던 성공과 좌절감으로 슬퍼하던 실패의 순간을 하나도 빠짐없이 기재하십시오. 침울한 분위기에 빠지거나 역경에 봉착하면 옛날 일기를 뒤적여 그땐 어떻게 이런 위기를 극복하였는지를 살펴보십시오. 그토록 견디기 힘들었던 어려움이 눈깜짝할 사이에 사라져 버린 것을 목격할 수 있을 것입니다.

⑦ 근무 환경을 밝고 아름답게 만드십시오. '환경 미화' 라고 해서 거창할 것은 없고 작은 장식품이나 화분 한 두개만으로도 충분히 멋을 낼 수 있습니다. 여하튼 가능한 모든 수단을 총동원하여 깨끗하고 아름다운 근무 환경을 조성하도록 하십시오.

⑧ 암웨이 사업을 함께 하는 동료 디스트리뷰터들과 늘 화기애애한 대화를 주고받으십시오. 원만한 대인관계는 자신의 일을 한결 수월하게 만들고 일하는 것 자체기 히니의 기쁨이요, 즐거움으로 만들어 드립니다.

처음 사람을 만날 때 어떤 인상을 남기십니까?

후원이나 판매를 위해 아는 사람이나 고객의 문을 처음으로 들어설 때 뭔가 반짝하는 것이 있습니다. 바로 당신의 최초 행동거지나 외양을 보고 그들이 당신을 평가하는 소리입니다.

새로운 사람과의 만남에 있어 가장 먼저 일어나는 당신에 대한 순간적인 평가는 이 만남의 성공을 좌우하는 매우 중요한 계기로 작용합니다. 당신의 겉모습에 대한 첫 평가가 끝나고 나면 당신의 인간 됨됨이에 대한 평가가 이뤄집니다. 바로 당신의 태도나 예의범절을 보고 그 나름대로 당신의 사람됨을 판단하는 것입니다.

고객이 당신의 제품과 그 자신이 필요한 것을 생각하는 단계에까지 이르게 하기 위해서는 반드시 이 두 가지 평가를 통과해야 합니다. 그가 당신에 대해 인간적으로 호감을 갖지 않는 이상 당신의 제품에 대해 좋게 생각한다는 것은 불가능합니다. 당신의 겉모습이나 태도 등 전반적인 이미지를 가꾸는 작업은 고객을 만나기 훨씬 이전에 행하는 것이 좋습니다.

일례로, 고객의 집을 찾을 때 어떻게 들어가고 첫인사는 어떻게 나누는 등 새로운 사람을 만남에 있어 일어나는 모든 것을 사전에 철저히 연습해야 합니다. 그래야만 실제 고객을 대면했을 때 완벽한 자기 모습을 보여줄 수 있습니다.

그리고 다음 7가지 물음에 "예"라고 확실하게 답할 수 있을 때까지 연습에 연습을 게을리 하지 마십시오.

① 전반적인 나의 모습이 긍정적인 인상을 주는가?
② 집에 들어서면서 고객을 똑바로 바라보는가?

③ 초조한 기색이나 불안한 모습 대신 편안하고 의연한 자세를 보여주는가?

④ 고객의 말을 귀담아 듣는가?

⑤ 나의 목소리가 거슬리지 않고 듣기 좋은가?

⑥ 나의 외모나 표정이 진실되고 신중하다는 것을 보여 주는가?

⑦ 암웨이 사업에 대한 관심과 흥미를 프로스펙트에게서 엿볼 수 있는가?

처음 대하는 사람에게 좋은 인상을 남기는 법을 완벽히 터득하고 익혔다면 이제 안심하고 새로운 사람을 찾거나 고객을 만나 보십시오. 이상에서 열거한 물음에 "예"라고 분명하게 답할 수 있다면 당신은 그 만남을 반드시 성공으로 이끌 수 있습니다.

판매 활동에 소요되는 경비를 줄이는 비결 4가지

효과적인 암웨이 사업을 위해 판매 활동 경비를 줄이는 것은 절대절명의 과제입니다. 이런 비용을 줄이기 위해 아무리 머리를 짜고 궁리해 봐도 묘안을 찾기 어려울 때가 많습니다.

그러나 힘들지 않고 손쉽게 경비를 절감할 수 있는 비결이 있습니다. 아래에 열거하는 4가지 사항을 철저히 준수한다면 당신도 틀림없이 판매 경비를 크게 줄일 수 있을 것입니다.

① 반드시 사전 약속을 하고 난 뒤 고객을 방문하십시오.

고객과 사전에 만날 약속을 하고 난 뒤 방문을 한다면 판매성공율이 그만큼 높아집니다. 철저한 스케줄 관리로 당신이 한낮 뜨내기 장사꾼이 아닌 고도의 전문성을 갖춘 사업가임을 고객에게 확실히 심어 주십시오.

② 가능한 시간을 아끼고 절약하십시오.

시간이야말로 당신이 가지고 있는 최대의 재산이자 암웨이 사업의 성공을 위한 원동력입니다. 어떤 제품을 만드는 데 필요한 원자재의 절감을 위해 각고의 노력을 기울이듯 암웨이 사업을 위해선 당신의 소중한 자산, 시간을 일촌광음도 허비해서는 안됩니다.

③ 철저한 계획 속에 일을 진행시켜 능률을 극대화하십시오.

새로운 고객을 찾고 사업에 동참할 새사람을 구함에 있어 미리 수립된 계획에 따라 한순간의 착오도 없이 똑바로 앞으로 정진하십시오. 일을 벌일 때는 사전에 철저한 준비와 조사로 계획에 완벽을 기하고 이를 반드시 실현시키도록 하십시오.

④ 가능한 전화를 많이 활용하십시오.

이미 낯이 익어 친한 사람에게는 전화를 통해서도 직접 만나는 것 이상의 효과를 올릴 수 있습니다. 그러나 매우 잘 아는 사이가 아닌 경우에는 전화보다는 당신이 고객을 직접 찾아가 그에 대한 당신의 정성을 표해야 합니다.

5

우리 모두를 위하여

우리가 암웨이와 인연을 맺은 것은 자본주의가 있었기 때문입니다.
200년전 아담 스미스에 의해 시작된 자유 기업 제도는
완벽하고 완성된 제도는 아닙니다.
그러나 자유 기업은 살아 있는 제도이고 변하고
발전하며 향상되어야 합니다.
어떤 종류의 자본주의를 실행하든 사업가로 성공하기 위해서는
우리 모두가 올바른 곳으로 향한다는 믿음이 있어야 합니다.
인생은 우리가 좋은 일을 찾아서 그 일을 하는데
우리의 삶을 충분히 활용하라고 요구하고 있습니다.
우리가 다른 사람을 돕기 위해 시간, 돈,
경험을 나눌 때 우리 자신의 개인적 성취와 번영으로 이끄는
완전한 사랑을 완성한다고 믿습니다.
이것은 암웨이의 정신과 일치됩니다.
더불어 사는 자본주의를 가장 적극적으로 실천하는 암웨이,
우리의 미래는 밝습니다.

암웨이의 우월성

　리치와 제이는 초창기에 사유재산을 인정하고 자유 기업 경쟁을 허용하는 미국식 경제 방식이 최고의 경제 방식이라는 뜻에서 아메리칸 방식 즉 암웨이라고 명명하였습니다. 마르크스식 사회주의는 오늘날 모순에 빠져 허우적대고 있으며 공산주의는 자유의 물결을 타고 차츰 소멸되어 가고 있습니다.

　그러한 세월 동안 암웨이사의 규모는 94년 현재 전세계 65개 국가와 지역에 진출해 200만 명이 넘는 디스트리뷰터를 가진 53억 달러의 규모로 발전하였습니다. 리치와 제이는 전세계에 있는 디스트리뷰터들을 자신들의 사랑의 자취라고 자랑합니다. 그 만큼 애정을 가진 기업이기에 발전을 거듭할 수 있는 것입니다. 이 같은 발전의 요인은 무엇일까요? 그것은 바로 자유 기업 경제 원칙이라는 것입니다.

　사람이란 새로운 해결책을 자유롭게 모색할 수 있고 제한 없이 장사를 할 수 있으며 자유 시장에서 경쟁할 수 있으며 자유롭게 직업이나 기업을 가질 수 있습니다. 1백만의 디스트리뷰터를 자랑하는 일본 암웨이사의 총 책임자라고 할 수 있는 나카지마 가오루는 다음과 같이 말합니다. "나는 한 회사를 위해 8년 동안 샐러리맨으로 일했다. 그러나 이제는 내가 바로 사장이다. 나는 자유인이며 긍지를 갖고 판매를 하고 있다. 나는 다른 5개국에서 자기 사업을 하려는 사람들을 돕고 있다. 수많은 사람들이 풍족한 생활을 하게 되는 것을 볼 때면 나는 흥분을 감출 수 없다. 이것은 일이 아니라 마치 연극을 공연하고 있는 듯한 기분에서 오는 즐거움이다."

나카지마 가오루의 말처럼 암웨이는 자유로운 즐거움이 있다고 할 수 있습니다. 이 모든 것이 바로 자유 기업 경제 원칙에 의해서만이 할 수 있는 것입니다.

돈벌이 보다 인간의 존엄성을 위하여

암웨이를 잘 알고 있는 분들은 암웨이가 단순한 돈벌이만을 위해서 비즈니스를 하고 있는 것이 아니라는 것을 알고 있을 것입니다. 물론 사람들은 자신과 자신의 가족에게 있어 경제적인 안정을 원합니다. 더 많은 것을 갈망하고 더 많은 것을 원하며 생각한 그대로 자유로운 인간이 되고자 합니다.

물질적 자유 뿐 아니라 정신적 자유까지도 즉, 완전한 인간이 되고 싶은 것입니다. 완전한 민주 사회에서만 가능한 사고와 상상의 자유, 간신히 살아갈 수 있는 자유가 아니라 진정한 만족을 찾을 수 있는 그러한 자유를 원하고 있는 것입니다.

1969년 7월 미시건주 에이다의 공장이 폭발하는 화재 사고가 있었습니다. 제이가 현장에 도착했을 때는 사무실과 조립 라인이 있는 큰 빌딩은 거의 화염에 싸여 있었고 직원들은 목숨을 걸고 중요한 서류 뭉치를 구하기 위해 고층 건물로 들어서려 하고 있었습니다. 제이는 이들을 제지하며 잊혀지지 않는 한마디를 남겼다고 합니다.

"종이 조각들은 잊어버려! 사람들을 구해 내!" 암웨이는 사람을 중요시합니다. 우리 모두가 사람을 고결한 영감을 지닌 피조물로서, 기독교에서 말하는 하나님이 가치를 부여한 하나님의 아들로서 생각한다면 당연히 사람은 존경과 위엄으로 대해야만 합니다. 그러나 만일 사람을 영혼성을 배제하고 물질적인 의미로서만 평가한다면 어떤 결과가 나올까요? 물질적인 것을 만드는 것은 바로 사람입니다. 무한의 가치를 가진 것은 우리들 자신입니다. 보다 나은 생활을 위하여 우리가 가장 먼저 생각해야 할 것은 암웨이와 함께 사람을 먼저 사랑하는 마음입니다.

자유와 책임이 주는 것

리치의 일화에는 이런 것이 있습니다. "내 아들 딕이 16살이 되었을 때 나는 내 자동차를 그에게 주었습니다. 휘발유도 주유하고 타이어의 수리도 모두 내가 했던 차 였습니다. 그러나 딕은 찻길마다 타이어 자국을 남기고 돌아다니고 친구들을 태우고 온 세상을 휘젓고 다녀 자동차는 엉망이 되었고 내가 손을 보기 전에는 휘발유도 떨어지고 고장난 채로 차고에 박혀 있기 일쑤였습니다. 2년 뒤 아이가 18살이 되었을 때 자동차의 소유권을 넘겨주었습니다. 그러자 길에 타이어 자국도 사라지고 오랫동안 차를 타는 일도 줄어들었습니다. 타이어도 휘발유도 자신이 사야만 하게 되자 친구들을 끌어들여 돌아다니는 일도 줄어들게 되었습니다. 이러한 인생의 한 과정을 통하여 그는 소유에 따른 자유와 책임을 배우게 된 것입니다."

이 이야기에서처럼 자신에게 소유된 것들에 대하여는 모두 애정을 가지고 대합니다. 자신만의 일, 자신만의 사업이라고 한다면 그 책임은 더할 것입니다.

암웨이는 누구에게나 자영 사업의 기회를 제공합니다. 자신이 스스로 노력하고 성실하게 임하면 그 사업은 날로 번영하게 될 것이며 남의 집 불구경 하듯이 본다면 결과는 뻔할 것입니다. 기회를 제공해 준 것은 암웨이며 그 자유 속에 책임을 가지고 일하는 것은 바로 우리 자신입니다. 동독의 한 디스트리뷰터는 "자유롭다면 우리는 못할 것이 없다."라고 말한 바 있습니다.

우리 모두가 신념을 가지고 밝은 앞날을 계획한다면 우리의 자유를 위협하는 그 어떤 것이라도 우리는 당당히 대항해 나갈 수 있으며 반드시 성공할 것입니다.

자신을 똑바로 쳐다 보라

암웨이에서는 당신을 기독교 전통에 따르라고 강요하지 않습니다. 당신은 이미 성공한 사람으로서 하나님을 믿지 않을지도 모릅니다. 당신 그룹의 다운 라인 디스트리뷰터들도 서로 다른 종교와 철학을 가지고 있습니다. 그러나 그런 종교가 문제가 되는 것은 아닙니다.

실제로 문제가 되는 것은 다음과 같은 것입니다. '당신 스스로 당신의 존재를 어떻게 보고 있는가? 어떤 목적으로 당신은 태어났는가? 당신의 미래는 무엇이며, 특별한 목적을 가지고 있는가?'

생화학자 한사람은 이런 물음에 대해 비아냥거리며 이렇게 대답할지도 모릅니다. "난 60%의 수분으로 되어 있지. 욕조를 채우고도 남을 만큼. 그 외엔 4~5개의 비누를 만들고도 남을 만큼의 지방과 여러 가지 화학 물질로 되어 있어. 큰 분필을 만들 수 있는 칼슘과 작은 성냥갑 하나를 다 켤 수 있는 인 성분도 있고… 난 불과 돈 몇 푼에 지나지 않아."

이런 말을 들으면 기분이 어떻습니까? 우리 자신은 과연 누구인가에 대하여 더 깊이 생각해야 한다는 의무감을 느끼지 않습니까? 우리 모두는 이미 꿈을 가지도록 창조되었습니다. 꿈은 사람의 인격을 판단하는 시금석이며 당신의 꿈은 당신이 어떤 종류의 인간이고 어떤 일에 관심을 가지고 있는가를 알려줍니다. 그 꿈의 크기는 곧 당신 영혼의 크기가 되는 것입니다. 어떤 사람이 그가 꿈꾸는 방향으로 확실하게 나아가고 있다면 또 그가 꿈꾸는 대로 살아 나가려 애쓰고 있다면 그는 자신도 모르는 사이에 성공해 있을 것입니다.

대부분의 사람들은 단지 돈을 좀 더 벌 목적으로 사업을 시작합니다. 하루 아침에 부자가 되는 사람은 드물며 조금씩 조금씩 사업이 커지면서 그들 꿈도 커지게 되는 것입니다. 암웨이도 마찬가지입니다. 자기 자신을 똑바로 쳐다보고 자신의 꿈을 정하십시오. 처음에는 작은 꿈부터 시작하는 것입니다. 자! 오늘은 어떤 꿈부터 시작할까요?

절망감에서 벗어나자

많은 사람들은 그들 자신의 잠재 능력을 충분히 발휘하지 못하고 있으며 그 능력을 발휘할 수 있는 실질적이고 현실적인 계기가 주어진다면 무척 고맙게 느낄 것입니다. 그러기 위해서 우리 모두는 자신이 현재 처해 있는 위치와 앞으로 바라는 위치, 그 위치에 이르기 위해 필요한 것은 무엇인가 하는 점을 밀도 있게 고려해 보아야 합니다. 그러나 실제로 우리의 현실은 항상 우리의 꿈에 미치지 못합니다.

그래서 기대가 무너지고 어긋남에 따라 우리는 더 절망하게 되는 것입니다. 그러한 절망, 좌절감과 싸우면서 우리의 행동은 파괴적으로 변하게 됩니다. 결과적으로 우리의 삶은 재기가 불가능한 것처럼 보일 때까지 한없이 늪에 빠져 버리는 것입니다.

꿈을 꾸지 않고 우울이나 절망감이 끼어들게 되면 우리의 인생은 어떻게 되겠습니까? 주기적으로 오는 절망감이나 실패를 상당히 긍정적으로 처리하는 사람들이 간혹 있기도 합니다. 처음에 그들은 그것을 부정하고 무시하려 합니다.

그런 후 그들은 자기 자신이나 타인을 탓하게 됩니다. 영원히 절망하며 살아가는 사람들도 있습니다. 아무것도 하지 않은 채 단지 죽을 날을 기다리는 사람들도 있을지 모릅니다. 하지만 이제 그럴 필요가 없습니다. 좌절감이나 절망감은 우리가 그것을 부정하고 무시해서는 치유될 수 없습니다. 좌절감과의 싸움은 당신이 그것 때문에 고통받고 있다는 것을 먼저 인정해야만 끝이 납니다. 먼저 당신이 그것을 인정하고 또 주위에서 만나게 되는 믿을 수 있는 사람들에게 차츰차츰 받아들이도록 해야 하는 것입니다. 원점으로 돌아와서 결론을 말한다면 절망은 흥분과 고통으로 치유하는 것이 아닌 희망으로 치유되어야 한다는 것입니다.

희망은 우리에게 다시 꿈을 꿀 수 있는 용기를 줍니다. 대부분의 어두운 터널 끝에는 항상 햇빛이 비치고 있음을 우리는 경험을 통해서 알고 있습니다. 소나기가 몰아친 다음에는 무지개가 뜬다는 것도 알고 있습니다. 절망의 터널에서 암웨이 사람들은 서로서로 도와 다시 꿈과 희망을 가지게 하며 꿈을 갖게 되었을 때 우리 자신도 모르는 사이에 우리의 꿈은 성취되어 우리를 놀라게 할 것입니다. 절망과 위기를 변화의 계기로 삼으십시오. 먼 후일 성공한 위치에서 뒤를 돌아다보았을 때 그 과정이 반드시 필요했음을 느끼게 될 것입니다.

성공은 인생의 과정이지 목적은 아니다

성공에 대한 격언들을 우리는 잘 알고 있습니다. "성공의 열쇠가 무엇인지는 저도 모릅니다. 하지만 실패하기 위해서는 어떻게 하면 되는지는 알고 있습니다. 모든 이들을 만족시키려고 노력하면 됩니다." 박애주의자 빌 코스비는 말합니다.

우리들 대부분의 삶은 배타적입니다. 매일 아침 우리는 아무 생각 없이 눈을 뜨고 그날 하루 아무것도 한 것이 없이 또 잠자리에 들어야 한다는 것을 이상하게 여깁니다. 사는 일이 점차 고된 일이 되어 갑니다. 그래서 잠시나마 하던 일을 멈추고 우리 인생의 진로에 대해서 생각해 봅시다. 그리고 목표를 적어 봅시다. 쓰여진 목표를 한번 훑어보고 가장 중요한 목표에 동그라미를 쳐봅시다.

그 목표를 달성하기 위해 오늘 나는 무엇을 했는지 자문해 봅시다. 당신은 당신 인생의 중요한 목표를 달성하기 위해서 오늘 무엇인가 아주 작은 일이라도 해 놓기 전에는 휴식을 취해서는 안됩니다. 당신의 첫 목표가 돈을 버는 것이고 두 번째, 세번째도 돈을 버는 것이라면 처음부터 어려움을 겪게 될 것입니다. 반면, 왜 돈이 필요하고 그 돈을 가지고 무엇을 할 것인가를 알고 있는 사람들은 그 성취 목표에 접근하기가 한층 쉬워질 것입니다.

자, 그럼 인생에서 무엇을 하고 싶습니까? 당신이 더불어 사는 자본가로서 성공을 하기에 앞서 이 질문에 대해 진지하게 답할 수 있어야 합니다. 어쩌면 당신은 인생의 가치에 대해 깊이 생각을 안해 봤을지도 모릅니다.

예수는 죽는 그날까지도 서로 사랑할 것을 당부했습니다. 그것은 지극히 단순하면서도 행하기 어려운 것입니다. '이웃을 자신처럼 사랑하라.' 우리의 모든 인생의 가치는 이 토대 위에서 비롯되어야 한다고 밝히고 싶습니다. 우리는 성공한 적도 있고 실패한 적도 있으며, 더 큰 성공을 위해 열심히 노력했습니다. 그러나 사랑을 얼마만큼 실천하였습니까? 위대한 성공은 이 사회를 구성하고 있는 개개인이 서로 사랑하게 될 때에야 비로소 완전할 수 있습니다. 성공은 인생의 과정이지 목적은 아니기 때문입니다.

빚은 갚고 보자

사람들의 재정적인 회복을 위해서는 어떻게 해야 하는가? 암웨이사에서 가장 성공한 사람들과의 대화에서 다음 5단계의 해결 방법을 찾을 수 있습니다.

첫째, 빚은 갚아야 한다는 것.

둘째, 각자의 재정적 몫을 알맞게 할당할 것.

셋째, 매달 조금씩이라도 저축을 할 것.

넷째, 지출에 한도액을 정하라는 것.

다섯째, 정해진 한도 내에서 살아가는 방법을 찾으라는 것입니다. 곤경에 처한 한 영국 신사의 얘기가 있습니다. 빚을 받으려고, 그것이 안되면 이자만이라도 받으려고 양복쟁이가 찾아오자 그 신사는 "나는 원금을 갚는데 관심이 없을 뿐만 아니라 이자는 갚지 않는 게 내 원칙이다."라고 조롱하듯이 말했다고 합니다. 그 영국 신사처럼 빚쟁이를 내모는 일을 그만두는 것도 쉬운 일이 아니라면 차라리 어떻게 해서라도 빚을 갚고 돈 문제는 정리해 두는 것이 쉬운 노릇이 아닐까 생각합니다.

빚을 갚기 위해 취할 수 있는 조치로는 첫째, 빚진 금액을 총정리 할 것. 둘째, 주 단위나 월 단위로 갚을 수 있는 금액을 정할 것. 셋째, 이렇게 해서 지불할 금액은 성실하게 지불할 것을 인식시킬 것. 넷째, 다시는 이 같은 곤경에 빠지지 않도록 생활 수준의 한계를 정해 놓을 것.

당신은 어떻습니까? 사업의 확장으로 꽤 많은 빚을 지고 있지는 않습니까? 그렇다면 빚 갚을 계획은 세웠습니까? 당신의 형편을 인식시키기 위해 채권자에게 연락을 취해 보셨습니까? 성실하게 빚을 갚아 가고 있습니까? 지출 한계를 정해 놓고 있습니까?

이 같은 작은 계획은 얼마나 간단합니까? 미래를 향한 발걸음을 내딛기 전에 우리는 과거를 돌아보아야 합니다. 그리고 빚이 있다면 목표 달성과는 별도로 계획을 세워야 합니다. 일단 계획을 세우면 반드시 행동으로 옮겨야 합니다.

일의 참된 의미

우리는 일이라는 것이 일을 하는 사람에게 자유, 보상, 인정, 희망을 줄 때에만 좋은 것이라고 믿고 있습니다. 따라서 만일 우리가 하는 일이 만족스럽지 못하다면 가능한 한 빨리 그 일을 끝내고 만족할 수 있는 다른 일을 시작해야 합니다. 그런데 만약 실업자가 되고 일자리가 없을 때 이런 이야기를 한다면 현실과 맞지 않는 이야기라고 무시할 수도 있습니다. 그러나 내가 정기적으로 월급을 받고 매달 날아오는 청구서를 꼬박꼬박 낼 수만 있다면 그 일이 '만족스럽지 못하다'는 것이 무슨 문제가 되겠습니까? 유사이래 많은 사람들에게 일이란 끔찍하고 피할 수 없는 일상의 한 부분이 되어 왔습니다.

그리스 로마 문명에서 일이라는 단어의 어원은 '슬픔'을 의미합니다. 로마인들은 일을 하면 지성인들의 품위가 저하된다고 생각했습니다. 중세에는 일이란 더럽고 어려운 것으로 인식되었고 르네상스 이후로 조금씩 의미가 변해 왔습니다. 우리가 원하는 직업을 선택할 자유와 같이 일에 대해 우리가 가지고 있는 여러 가지 생각은 비교적 최근에 생긴 것입니다. 우리는 의미 있는 일이란 사람들에게 단순히 의식주를 해결하기 위해 돈을 버는 차원을 넘어서 사람들에게 도움을 줄 수 있는 의미 있는 활동이라고 믿습니다. 러시아의 문호 막심 고리끼는 "즐겁게 일을 할 수 있다면 인생은 기쁨이다. 의무감에서 일을 한다면 인생은 노예이다."라고 말했습니다. 의미 있는 일이 우리 자신에게 좋은 감정을 가지도록 해 준다는 것입니다.

근로자들을 상대로 조사한 한 데이터를 중요도에 따라 나열해 보면

1. 흥미로워야 한다.

2.업무에 필요한 충분한 도움과 장비를 제공받아야한다.

3.업무에 필요한 충분한 정보가 있어야 한다.

4.업무 수행에 필요한 직권을 행사할 수 있어야 한다.

5.월급이 많아야 한다.

6.특별한 능력을 개발할 수 있는 기회가 있어야 한다.

7.지속적인 직업이어야 한다.

8.자기가 한 일의 결과를 알 수 있어야 한다.

여러분이라면 여기에 어떤 항목을 추가하겠습니까? 우리가 열의와 의지를 가지고 의미 있는 일에 임한다면 언제나 월급 이상의 혜택을 가져다줍니다. 프로이드는 의미 있는 행동을 수행하고자 하는 충동이 우리에게 현실감을 제공해 준다고 말했습니다. 또 우리가 의미 있는 일을 통해 세상 사람들과 접하게 된다고 생각했으며, 의미 있는 일에 종사하고자 하는 충동은 인간성의 본질이라고 가르쳤습니다. 의미 있는 일은 사람에게 자신들이 이 세상을 변화시키고 있으며, 생활 수준을 향상시키고 있다는 믿음을 갖게 합니다. 여러분은 암웨이에서 이런 믿음을 갖고 있습니까? 그렇다면 당신이 하는 일은 의미 있습니다.

인정받는 일

노력에 대한 보상과 밀접한 관계를 가진 것이 바로 인정을 받는다는 사실입니다. 보상 없이는 탁월함을 인정받지도 못합니다. 이것과 관계 있는 어떤 이야기가 있습니다. 축구 경기장에서 열리는 디스트리뷰터 모임으로 리치가 태국의 방콕에 참석했을 때인데 그날 밤은 새 디스트리뷰터들을 환영하고, 보다 높은 수준의 판매나 신규 디스트리뷰터 후원 목표를 달성한 기존 디스트리뷰터들의 사업 결과를 인정해 주기위한 모임이었습니다.

그런데 회의 시작 6시간 전부터 방콕에 엄청난 폭우가 쏟아졌고, 리치는 폭우 때문에 아무도 참석하지 않을 것이라고 생각했습니다. 그러나 태국 지사장은 웃으며 걱정 말라고 했습니다. 회의 시작 1시간 전부터 리치는 연단에 서서 수천명의 사람들이 회의장 안으로 들어오는 것을 지켜보았습니다. 운동장이 진흙투성이인 것을 보자 그들은 신발을 벗고바지를 걷어올리며 들어 왔고, 조금 있다가 참석자들의 이름이 호명될 때마다 친구나 이웃에게 환호를 보내는 것을 보고리치는 그들이 왜 물난리가 난 거리와 진흙투성이의 운동장을 마다 않고 이 회의에 참석하게 되었는지를 분명히 알게되었다고 합니다. 그들은 서로가 성취한 것을 인정해 주기위해서 서로 축하해 주고 축하 받기 위해서 온 것입니다. 아무리 거센 폭우라도 그들을 저지할 수 없었던 것입니다. 암웨이는 사람들이 성취한 것을 인정해 주는 것이 지니는 힘을믿습니다.

오늘날 세계 어느 곳에서나 사람들은 누군가가 자신이 하고 있는 일을 알아보고 칭찬해 주기를 바랍니다. 그 이유는이해하기 쉽습니다.

인정은 자존심과 확신을 심어 주기 때문입니다. 암웨이의 보상 제도는 인정받기를 원하는 인간 본성에 기인합니다. 암웨이는 상대방을 인정해 줄 때 "당신은 중요하다. 당신은 뭔가 중요한 일을 한 것이다."라고 말합니다.

성공하기 위한 마음가짐

성공하기 위해서는 외적인 요인도 필요하지만 자기 자신의 마음가짐이 무엇보다도 필요합니다. 우리는 긍정적이며 희망에 찬 마음가짐을 개발하는 것이 우리의 목표 달성에 매우 유익한 것이라는 사실을 믿습니다. 그러므로 우리는 많은 사람들의 도움을 받아, 우리들의 삶과 삶의 잠재성에 대해 긍정적으로 도움을 주며 생산적인 마음가짐을 개발할 수 있도록 하는 프로그램도 설계해야만 합니다.

"나에게는 내 자신과 내 가족을 위한 커다란 꿈이 있었는데 무엇인가가 나와 그 꿈 사이를 가로막고 있었다. 그래서 무엇이 잘못되었으며 무엇을 정말로 바꾸어야 하는가를 찾아 내는 대신에 나는 변명의 구실을 죽 만들어 놓고 이를 이용하여 나의 실패를 합리화했었다." 어떤 성공한 디스트리뷰터가 과거를 회상하면서 하는 말입니다. "나는 대학 교육도 받지 못했다." 그는 계속해서 말합니다. "처음에는 이것이 문제라고 생각했다. 좀 더 나은 직장을 구할 때마다 회색 양복에 줄무늬 넥타이를 맨 높은 양반들은 여기에 대해 짚고 넘어갔다. 그들은 '대학은 다녔나?'라고 중얼거리며 내 이력서를 대충 훑어보고는 웃는 얼굴로 되돌려 주며 가보라고 했다. 그들은 마치 '그럼, 학위를 딴 후에 다시 이야기합시다.'라고 중얼거리는 듯했다."

"나는 또한 어휘력도 풍부하지 않았다. 오랫동안 그것이 나의 앞길을 가로막고 있다고 생각했다. 나는 누군가가 나의 부족한 어휘력에 대해 꼬집어 말했던 그 날을 결코 잊지 못할 것이다."

그는 내게 "성공한 사람은 아무도 너와 친하고 싶어하지 않을 것이다. 그러므로 네가 아무리 성공한들 너는 그들처럼 될 수 없어."라고 경고했다. "또한 나는 자라날 때 환경이 별로 좋지 못했다. 나는 배관공의 아들이었으며 의사, 변호사, 정치가의 아이들은 나를 거들떠보지도 않았다. 그러나 이러한 이유들이 나의 실패에 대한 이유의 전부는 결코 아니다."라고 그는 설명합니다. "그것들은 내가 내 자신과 나의 꿈 사이에 벽을 세워 놓기 위해 사용하였던 변명에 불과했다. 나 자신에 대한 내 마음가짐이 바로 잘못된 것이었다. 무언가가, 아니 누군가가 바뀌어져야만 했다."

"바로 내가 바뀌어져야만 했던 것이다." 이와 같은 경험들은 누구나 다 가지고 있을 것입니다. 자라 온 환경부터 부족한 재정 상태까지. 그러나 누구나 똑같은 환경과 조건에서라면 성공하는 사람만이 가질 수 있는 기쁨과 만족은 없을 것입니다. 어려운 여건에도 불구하고 자기 자신과의 싸움에서 승리한 사람만이 꿈을 현실화시킬 수 있는 것입니다.

거만과 자신감은 다르다

여러분들 중에는 기업가에 대해서는 잘 알고 있지만 '어떻게 하면 기업가가 될 수 있을까'라고 말하는 사람들도 많이 있습니다. 남녀 모두에게 있어 성공은 마음의 변화에서 비롯되기 때문에 우선 기업가는 마음의 항로를 잘 선택해야만 합니다.

우리는 누군가가 어떤 마음을 가지고 의견을 말하면 그들이 거만하다고 생각할 때가 많습니다. 그것이 바로 여기서 이야기하려는 점입니다. 거만과 자신감은 다릅니다. 나는 할 수 있다! 라는 자신감은 자신의 인생에 커다란 변화를 가져다줍니다. 자신감이 없다구요? 누군가 여러분에게 '당신은 성공적인 기업가가 될 수 있어요.' 라고 말한다면 여러분은 본능적으로 우선 '그럴 리가 없어요.' 라고 대답하지 않겠습니까? 우리들 대부분은 적어도 처음에는 알맞은 자질을 갖추지 못했다고 생각합니다. 그러나 이것은 틀린 생각입니다. 알맞은 자질은 쓰레기 더미 밑에 묻혀져 있는 경우가 많습니다.

일생 동안 우리는 우리 자신이 쓸모 없고, 단점 투성이며, 결코 성공하지 못하리라는 말을 많이 듣습니다. 이러한 나쁜 충고들을 어렸을 때부터 듣습니다. 처음에는 농담이나 속삭임으로 시작되다가 '우정어린 충고'들은 점점 발전합니다. 마지막에 가서는 우리의 잠재력을 파괴하고 우리의 꿈을 무참히 짓밟고 맙니다.

당신의 한계에 대해서 들었던 과거의 말들을 잊으십시오. 그런 거짓말들이 단 하루라도 당신의 앞날을 위협하도록 놔 두어서는 안됩니다. 대신 당신의 재능을 나열해 보십시오. 당신 자신에 대해 당신이 스스로 인정하는 긍정적인 재능을 찾아내어 이를 도구로 삼아 당신 내부에 있는 모든 잠재 능 력을 찾도록 하십시오. 바로 오늘부터 자신에 관해 새롭게 긍정적으로 삶을 사는 자세를 개발해야 합니다. 나는 할 수 있습니다.

낙관적인 생활

우리는 건강하고 유연한 신체를 물려받았을 것입니다. 그 러나 만일 우리가 계속해서 인스턴트 음식이나 초콜릿, 술을 마신다면 어떤 일이 일어나게 될지는 여러분들이 더 잘 알고 있을 것입니다. 특별히 운이 좋지 않는 한 동맥은 막히게 되 고, 혈관 내부는 녹슬고 오래된 파이프같이 될 것입니다.

그러나 만일 우리가 균형 잡힌 저지방 음식을 먹는다면 (사실 이러한 음식이 그렇게 맛없는 것도 아니다.)동맥은 좋 은 상태를 유지하게 될 것입니다. 이는 우리들의 마음에도 적용됩니다. 우리가 계속해서 정신에 해가 되는 생각을 받아 들인다면 무슨 일이 일어날까요? 우리는 우리 자신에 대해 불건전한 마음가짐을 발전시키게 될 것입니다.

또한 지속적으로 부정적이며 할 수 없다는 생각을 계속 받아들인다면 여러분은 틀림없이 실패하고 말 것입니다. 한 예로 어떤 이가 유리잔 하나를 집고는 "이 유리잔을 보십시오"라고 말합니다. "지금 이 유리잔에는 콜라와 얼음이 가득 차 있습니다. 내가 다 마셔 버리면 이 잔에는 공기가 가득 차게 될 것입니다. 빈잔 같은 것은 없습니다. 마찬가지로 빈 마음 같은 것은 없습니다."

우리들의 마음은 부정적 생각이나 긍정적 생각, 혹은 이 둘이 합쳐진 생각들로 가득 차 있습니다. 우리들 마음 속에는 행복한 추억과 불행한 추억이 흐르고 있습니다. 희망의 감정이나 절망의 감정이 나란히 재빨리 움직이고 있습니다. 우리의 마음은 이 잔과 마찬가지로 비어 있지 않습니다. 변기를 물로 씻어 내리는 것처럼 우리는 우리의 마음속에 있는 독소와 쓰레기를 씻어 내리는 법을 배워야 합니다. 그리고 나서 우리는 우리의 마음을 선하고, 긍정적이며, 낙관적이고, 도움이 되며, 용기를 북돋울 수 있는 생각으로 채우는 법을 배워야 합니다.

잠재력을 일깨우는 법

여러분의 습관을 개선할 수 있는 중요한 한가지 방법은 테이프를 듣고 책을 읽는 것입니다. 어렸을 때부터 우리들의 머리는 마이크로폰이 내장되어 있는 녹음기의 역할을 합니다. 우리가 듣는 목소리는—어떤 학자들은 자궁 속에서부터—양쪽 귀 사이에 있는 신비로운 창고에 영원히 저장된다고 합니다. 어떤 목소리는 우리에게 좋은 충고를 주며 어떤 목소리는 우리에게 나쁜 충고를 줍니다. 그러나 모든 목소리는 저장되며 우리가 원하든 원하지 않든 오래 된 테이프는 특히 나쁜 충고는 우리 머리 속에서 계속 돌아갑니다.

"이 못난아!"

"이 바보야!",

"계집애가 뭘 안다고 까불어!"

"이 사고뭉치야!"

"떡잎부터 알아본다니까!"

그리고 테이프는 계속 돌아갑니다. 우리가 더 이상 믿지는 않지만 멈추게 할 수 없는 오래된 테이프는 계속 돌아가는 것입니다. 잠시 여러분 자신에게 물어 보십시오. 여러분의 자존심을 무너뜨리고 여러분의 잠재력을 과소 평가하는 테이프는 어떤 것인가? 가정 환경, 이질감, 부모 등.

반면 당신을 고무시키기 위해서는 어떤 테이프를 들어야 하는가? 윈스턴 처칠이 죽기 바로 전에 한 영국 대학의 졸업생들에게 행한 연설은 이런 차원에서 매우 유익한 테이프입니다. 관중들은 이번이 수상의 마지막 연설이 될 것이라는 것을 알고 기대감을 가지고 처칠의 얼굴을 바라보았습니다.

그는 1분 동안 관중들을 그윽하게 바라보고는 단 세마디의 말을 했습니다. "절대 포기하지 마라!" "절대 포기하지 마라!" "절대 포기하지 마라!" 처음에 관중들은 너무 놀라 침묵했으며 그 다음 말을 기다렸습니다. 움직이는 사람은 아무도 없었습니다. 차츰 그들은 더 이상의 말이 필요 없다는 것을 깨달았습니다. 처칠은 모든 것을 이야기했던 것입니다. 그는 전쟁과 그 밖의 모든 위험에서도 결코 포기하지 않았으며, 세계는 그가 있음으로 해서 영원히 변하게 되었던 것입니다. 처칠이 무대에서 퇴장하는 순간 박수 갈채가 쏟아졌으며, 사라지고 나서도 한참 동안 계속되었다고 합니다. 미국의 디스트리뷰터는 이 녹화 테이프를 위기가 있거나 힘들 때마다 보고 또 보았다고 합니다.

지금 암웨이는 전세계적으로 거대한 판매 조직을 가질 만큼 성공했습니다. 그들은 처칠의 그 유명한 말인 "절대 포기하지 마라!"로 그들 마음속에 있었던 "너는 할 수 없어"라는 테이프의 소리가 들리지 않게 했던 것입니다. 우리가 직면하고 있는 어려운 시기에 이러한 테이프와 책들은 친한 친구처럼 우리에게 커다란 도움을 줍니다. 당신에게 도움을 주는 책은 무엇입니까? 그것들은 잠재력을 일깨워 주고 있습니까?

왜 우리는 스승을 필요로 하는가?

우리가 더불어 사는 사업가로 성공할 수 있기 이전에 우리를 이끌어 줄 경험이 풍부한 스승이 있어야만 한다고 우리는 믿습니다. 그러므로 우리가 성취하고자 하는 것을 이미 성취한 사람 중에서 존경할 수 있는 사람을 찾아내어 우리가 목표에 도달하는 데 도움을 요청해야 합니다. 때로는 우리들의 부모가 가장 훌륭한 스승이 될 수도 있고 그렇지 못할 때도 있습니다.

암웨이에서는 앞에서 끌어 주는 사람, 성공하도록 도와주는 사람 즉, 스폰서를 중요시하고 있습니다. 그러므로 여기에서의 스승의 의미는 좁게는 스폰서의 의미로 보아도 좋을 것입니다. 스승은 우리에게 우리 스스로 배우기 어려운 지식을 전달합니다.

"우리는 스스로 행함으로써 필요한 것을 배우게 된다."고 아리스토텔레스는 말했습니다. 우리가 무언가를 하는 도중에 배우게 된다는 것은 사실입니다. 그러나 스승은 그가 했던 똑같은 실수를 우리가 되풀이하지 않도록 할 수 있습니다. 스승은 자신의 지식으로 우리를 다른 사람들보다 앞서게 할 수 있으며, 우리에게 경쟁에서 우위를 유지하게 해주며, 우리의 지식을 배가시켜 줍니다. 스승은 우리에게 성공적인 삶을 위해서 우리가 알아야 할 것을 가르쳐 줍니다.

전형적인 스승인 소크라테스는 그 자신을 '마음으로부터 지식과 지혜가 탄생하도록 도와주는 산파'로 묘사했습니다. 마음속에 꿈을 품고 있는 자신을 한번 그려보십시오. 스승은 당신 옆에 서서 당신의 꿈이 끔찍한 산고를 겪고 있는 동안 당신 옆에 서서 당신을 편안하게 해주고 호흡하는 것을 도와줍니다. 스승은 그 꿈이 산실 밖으로 나와 햇빛을 볼 수 있게끔 도와줍니다. 스승은 마치 산파가 갓 태어난 아기에게 하듯 당신의 꿈을 거꾸로 들어 올려 엉덩이를 두들겨 생명을 부여합니다. 그리고 나서는 갓 태어난 꿈을 당신 팔 위에 놓고 미소 지으며 또 다른 진통을 겪고 있는 사람들에게로 가는 것입니다. 가장 사랑하는 스승이 가장 많이 가르칩니다. 어거스틴은 가르침이야말로 사랑의 가장 위대한 행위이며 사랑은 학습을 위한 최대의 도구라고 단언했습니다.

"그들은 네가 얼마나 관심을 가지고 있나를 알기 전에는 네가 얼마나 알고 있는 지에는 관심이 없다."라는 말도 있습니다. 여러분의 생애에서 여러분을 가장 사랑했던 사람들을 생각해 보십시오. 그들이 당신을 가장 많이 가르친 바로 그 사람들이 아니겠습니까? 가족, 친지, 형제와 같은 스승은 반박할 용기를 가지고 있습니다. 어거스틴이 학습은 사랑에 의해서 원활히 이루어질 수 있다고 한 말은 옳지만 때로는 여러분을 좋아하지 않는 사람들로부터 통찰력이 나올 수도 있습니다. 결국 반박도 때로는 일종의 사랑입니다. 만일 사람들이 당신에게 전혀 관심이 없다면 구태여 당신은 이런 점이 잘못 되었으며 이렇게 시정하라는 등의 말을 해서 분란을 일으킬 필요가 있을까요?

친구가 스승이 될 수도 있다

여러분의 생애를 돌이켜 볼 때, 여러분 앞에 나타나서 여러분의 생애에 도움을 주고 일생의 친구가 되거나 아니면 그냥 사라져 버린 스승에 대해 여러분은 어떤 기억들을 가지고 있습니까? 암웨이의 공동창업자 리치와 제이는 알다시피 고교 시절에 만난 사이입니다. 리치는 제이를 말할 때 현명하고 신뢰할 수 있는 조언자이며 친구, 스승이라고 말합니다.

"제이는 총명하고 착실했으며 항상 긍정적이었다. 우리는 둘 다 자신들의 사업을 시작할 꿈을 가지고 있었다. 태양이 작열하던 여름 내게서는 브루클린의 소화전에서 쏟아져 나오는 물처럼 아이디어가 쏟아져 나왔다. 제이는 이를 통제할 줄 알았으며, 질문을 던지고 제안을 할뿐만 아니라 우리들의 에너지를 모아서 어디에 써야 하는지를 알고 있었다. 우리는 동업자이며 가장 절친한 친구가 되었다."

스승을 찾아 나서라

리치 디보스는 예수를 교사, 즉 스승의 본보기로 삼았습니다. 예수는 제자들을 찾아 나섰으며 그들을 사랑으로 대했습니다. 그러나 좋은 스승을 만나려면 스스로 스승을 찾아 나서야 합니다. 우선

1. 경청하는 스승을 찾아라.
2. 질문을 던지는 스승을 찾아라.
3. 좋은 조언을 해 주는 훌륭한 스승을 찾아라.
4. 사랑에서 우러나오는 충고를 하는 스승을 찾아라.

그러나 스승을 찾아 나설 때 주의를 요하는 것들도 있습니다. 엉터리 스승들이 있기 때문입니다.

훌륭한 스승은 여러분의 시간을 함부로 쓰지 않는다

사람들은 좋은 일을 하고 있을 때조차도 너무 지쳐서 녹초가 되면 생각할 능력을 상실하게 되고 현명한 판단을 못하게 되며, 자신과 사랑하는 사람들을 보호할 수 없게 됩니다. 만일 스승이 여러분의 능력의 한계를 넘어서 과다한 것을 강요한다면 여러분은 점점 더 기진맥진할 것입니다. 그러니 조심하십시오. 훌륭한 스승은 여러분을 신체적으로나 정신적으로 편안하게 해 줄 것입니다. 그는 여러분에게 열심히 노력한 것에 대해 칭찬하면서도 여러분이 지나칠 때는 경고를 해주며, 여러분이 자신의 페이스를 되찾을 수 있도록 도와줍니다.

훌륭한 스승은 돈을 함부로 쓰지 않는다

만일 스승이 여러분의 돈을 통제하고 싶어하거나 당신을 속이려고 하거나 당신에게 빚진 것을 일시적이나마 감추려고 하려는 것을 알게 되면 경계하십시오. 정당한 스승은 당신이 자신의 재산을 잘 관리하도록 돕고 돈에 대한 결정은 당신 자신이 내리도록 할 것입니다. 그는 당신의 재정 독립을 위해 힘쓸 것이고 그 자신의 이익을 추구하거나 당신의 돈을 악용하지는 않을 것입니다.

훌륭한 스승은 계율을 남용하지 않는다

너무나 많은 사람들이 스스로 결정하는 것을 두려워합니

다. 그들은 대신 어떤 힘있는 사람이 결정해 주기를 원합니다. 그러나 그 결정 과정에서 당신에게 욕설을 하고 모욕감을 주고 잘못된 대우를 한다면 경계하십시오. 훌륭한 스승은 결코 당신에게 말이나 행동으로 모욕감을 주지는 않습니다. 그가 당신에게 잘못을 했거나 당신을 당황하게 하였다면 곧 바로 사죄의 말을 할 것입니다. 훌륭한 스승은 당신의 인격 형성에 도움을 줄 지언정 당신에게 해를 끼치지는 않을 것입니다. 그는 당신이 혼자서 결정하도록 도울 것입니다. 그는 당신이 당신 자신에게 의존하기를 원하지 그에게 의존하는 것을 원하지는 않습니다.

훌륭한 스승은 친분을 악용하지 않는다

훌륭한 지도자는 당신과 관계 있는 모든 사람들을 소중히 여깁니다. 특히 당신과 당신의 아내, 남편, 아이들 및 친구들과의 관계를 소중히 여기고 증진시켜 줄 것입니다. 그들과의 관계에서 성공을 거두는 것이 많은 돈을 버는 것보다 훨씬 더 중요하다는 것을 당신에게 끊임없이 상기시켜 줄 것입니다.

훌륭한 스승은 권위를 남용하지 않는다

훌륭한 스승은 당신의 어떤 질문도 항상 경청합니다. 그는 당신의 질문에 위협을 느끼지 않을 것이며 최선을 다해 경청하고 직접적이며 최선을 다해 그 질문에 답변을 해줄 것입니다. 그들은 당신과 자신의 경험을 공유할 수 있고 당신은 대응할 방법을 결정할 수 있습니다. 그러나 그들은 결코 당신 또는 당신의 신념을 격하시키거나 비하시키지 않을 것입니다.

당신의 꿈은 무엇인가

당신은 어쩌면 자기 사업을 하지 않는 대신 대기업이나 아니면 고향에 있는 작지만 건실한 회사에서 일하고 싶어할지도 모릅니다. 아니면 책을 쓰거나 목사가 되어서 설교하거나 아니면 정치에 관한 일을 하고 싶어할지도 모릅니다. 또는 직업군인이나 경관 혹은 소방관이 되려고 이미 결심했을 수도 있습니다. 자신의 사업을 시작하든 운동선수나 예술가가 되든 나라를 위해서 또는 개인 기업체에서 일하려고 하든 당신은 더불어 사는 자본가 혹은 기업가로서의 당신의 능력을 발휘할 기회를 가지고 있습니다.

더불어 사는 자본가란 생애 중 가장 커다란 도전에 기꺼이 응하려는 훌륭한 기업가들을 말합니다. 또한 여러분의 꿈이 무엇이든 간에 앞서 말한 것은 어디에나 통용됩니다. 우선 자신을 믿는 게 필요합니다. 긍정적 마음가짐의 중요성에 관해 이야기한 이유가 바로 여기에 있습니다. 둘째로 목표로 향해 가는 동안 이끌어 줄 스승이 필요합니다.

그리고 나서 올바른 마음가짐과 약간의 친구의 도움이 있으면 준비가 된 것입니다. 이제 여정이 진지하게 시작되는 것입니다. 당신 자신의 꿈을 가지십시오. 그 꿈을 성취할 계획을 추진하며 그 계획을 완성하도록 열심히 노력하십시오. 그리고 무엇을 하든 당신 밖에서 들리는 혹은 당신 안에서 들리는 부정적인 목소리인 "너는 결코 아무 것도 될 수 없어." 혹은 "아무리 노력해도 이런 어려운 시절에는 성공할 수 없어."라는 말에 무릎을 꿇지 마십시오.

자신의 꿈을 따르십시오

당신은 자신의 사업을 가지겠다는 꿈을 가질 수 있으나 그 도중 어딘가에서는 당신의 꿈이 좀 더 구체적이어야 합니다. 즉, 어떤 종류의 사업을 원하십니까? 당신의 일생을 어떻게 보내고 싶습니까? 어떤 종류의 일을 원하십니까? 우리는 우리 자신에게 '지금 꿈을 가지고 어디로 가고 있나', '거기에 도달하기 위해 어떻게 해야 하는가' 등과 같은 질문을 던져야만 합니다.

그러나 당신의 꿈이 무엇인지, 어떤 종류의 사업을 하고 싶은지 정확히 알지 못한다 해도 걱정할 필요는 없습니다. 만일 꿈이 있다면, 그것이 비록 대강의 윤곽만 잡혀 있더라도 그것을 쫓으십시오. 그리고 그 꿈에 충실하십시오. 혹시나 아직도 꿈이 없거나 꿈이 실현될 것인가에 대해 확신을 못하고 있다면 다음의 몇 가지 질문들은 당신이 결정을 내리는 데 도움을 줄 것입니다.

그 꿈이 진정 당신의 꿈인가?

만일 당신이 어떤 직업이나 경력을 선택할 수 있다면 그것
은 무엇이 될 것인가? 잠시 동안 다른 모든 사람들이 당신에
게 바라는 것을 잊어버리십시오. 당신의 가족, 친구, 아니면
배우자들은 모두 당신에 대한 목표가 있습니다. 그러나 당신
이 원하는 것은 무엇입니까? 당신의 감정에 충실하십시오.
그 꿈을 살찌우십시오. 당신을 홍분시키고 당신에게 희망을
주는 미래에 대한 단편적인 꿈일지라도 이를 계속 발전시키
십시오. 프랑스의 철학자 파스칼은 "마음은 이성이 알 수 없
는 나름대로의 이유를 가지고 있다."고 말했습니다.

당신의 잠재력을 제한하는 당신 내부의 목소리에 대해 원
대한 꿈을 가지고 있는 사람들의 목소리에 귀 기울이십시오.
그리고 나서 그 꿈을 대담하게 추구하십시오.

이 꿈은 당신의 재능에 적합한가?

그 꿈을 실현할 수 있는 '알맞은 재질'을 갖는 것은 별개
입니다. 헬렌 켈러는 운전을 하고 싶었을 것입니다. 그러나
그녀가 고속도로에 차를 몰고 나갔다면 큰 재앙을 불러 일으
켰을 것입니다. 그녀는 장님이었기 때문에 선택의 폭이 좁았
습니다. 그러나 어쨌든 그녀는 원대한 꿈을 가지고 있었습니
다. "만일 이 세상에 즐거움만 있다면 우리는 용기와 참을성

에 대해 결코 배울 수 없을 것이다."라고 그녀는 1890년에 쓰고 있습니다.

당신의 한계에 대해 무서워하지 마십시오. 그리고 아무것도 할 수 없다고 생각하지도 마십시오. 만일 당신이 산수의 기본 실력이 부족하다면 분자 물리학자가 될 수는 없을 것입니다. 만일 당신의 신장이 160미터라면 직업 농구 선수로 성공하지 못할 것입니다. 피만 보아도 기절한다면 유명한 외과 의사, 정육점 주인, 프로 권투 선수가 되고자 하는 꿈에 대해서는 재고해 보아야 할 것입니다. 그러나 만일 하나의 꿈을 포기했다면 다른 꿈을 가지십시오. 여러분이 특히 잘하는 것과 좋아하는 것에 대해 생각해 보십시오. "나는 아무것도 잘하는 게 없어."라고 당신은 말할지도 모릅니다. 모든 사람이 모짜르트와 같은 천재성을 가질 수는 없습니다.

그러나 우리 모두에게는 하나님이 주신 재능이 있습니다. 성공을 한 사람들은 대부분 자신을 천재로 생각하지는 않습니다. 그렇다고 해서 신이 우리 각자에게 능력, 인내, 노력할 수 있는 역량을 주시지 않은 것은 아닙니다 . 다른 사람으로 하여금 당신이 재능이 없다고 말하지 못하게 하십시오. 당신은 재능이 있습니다. 때때로 사람들은 천재와 노력을 혼동합니다. 천재들이 놀랄 만큼 노력을 들이지 않고 위대한 일을 이룩하는 경우가 극히 드물기는 하지만 있는 것은 사실입니다.

만일 모든 음악가와 작곡가가 모짜르트와 자신을 비교한다면 그들은 절망을 느낄 것입니다. 그러나 우리는 위대한 사람들이 피나는 노력을 통하여 그들의 천재를 개발했다는 사실을 간과하는 경우가 너무나 많습니다. 당신이 하고 싶은 것, 당신에게 쉬운 것(노력이 필요하지 않아서 쉬운 게 아니라 즐기기 때문에 쉬운 것), 다른 사람들이 당신이 잘한다고 이야기하는 것 등에 대해 생각해 보십시오. 이것은 당신의 재능을 알아내는 데 도움이 될 것입니다. 기업가가 되겠다는 당신의 목표를 추구하는 데 이 재능을 발휘하면 성공의 가능성은 놀랄 만큼 높아질 것입니다.

이 꿈이 당신이 추구하는 가치에 부합하는가?

꿈은 때때로 위험합니다. 꿈은 우리가 옳다고 믿는 것과 정면 충돌할 가능성을 내포하고 있습니다. 꿈은 우리를 파멸의 길로 인도할 수도 있습니다. 앞날에 대해서 생각해 보십시오. 그 길이 우리를 어디로 이끌 것인가에 대해 초기에 판단을 내리십시오. 만일 당신이 사랑하는 누군가는 기쁨을 느끼겠습니까? 혹은 부끄러움을 느끼겠습니까?

이 꿈이 당신이 도전할 만큼 원대한 것인가?

너무 작거나 안전한 목표를 세우지 마십시오. 당신의 현재 위치를 훨씬 넘어선 커다란 꿈을 감히 가지도록 하십시오. 누구든 길을 안전하게 건너는 목표는 세울 수 있습니다. 커다란 발걸음을 내디디며 세상을 보십시오. 진정으로 멋진 무엇인가를 성취할 수 있으면서 하찮은 목표에 만족할 수 있습니까? 당신 자신을 믿으십시오. 당신의 꿈을 추구하십시오. 그러면 당신은 진정으로 커다란 발걸음을 내딛은 것입니다. 그 밖의 다른 것은 그대로 따라오게 될 것입니다. 계획을 발전시키고 열심히 추진하십시오. 여러분은 꿈을 가지고 있습니다.

이제는 계획이 필요합니다. 계획은 여러분이 가고 싶은 방향을 잡아 줍니다. 계획은 진전 사항을 점검하고 방향 감각을 제공해 주며 정확한 목표를 제시해 줍니다. 어떤 사람들은 원대한 꿈을 가지고는 있으나 그 꿈을 실현시키기 위한 목표나 전략을 갖추어 계획을 발전시키려 하지 않습니다. 계획 없이는 우리는 제자리에서 맴돌거나 허송세월 하게 됩니다. 또 다른 사람들은 계획이 있기는 하지만 그들의 계획은 부적당한 것들입니다.

기본적인 것은 중단하지 말고 계속 실행하라

당신 사업에 있어 기본적인 원칙은 무엇입니까? 성공하기 위해 구체적으로 실행해야만 하는 행동가들을 목록으로 만들어 보려고 한 적이 있습니까? 당신이 기본적인 것들을 성실히 반복한다면, 당신의 사업은 번창할 것입니다. 만일 당신이 나태해져서 시간을 흘려 보낸다면 실패하게 될 것입니다. 나까지마 가오루는 다음과 같이 지적합니다. "한번만 짖는 경비견은 주인을 깨울 수도 없고 쫓아 버릴 수도 없습니다.

반면 영리한 경비견은 자기 할 일을 완수할 때까지 멈추지 않고 계속 짖어댑니다. 매일 그러한 기본적인 것들을 실행하십시오. 그러면 성공하게 될 것입니다."

푼돈을 세는 것은 결코 나쁜 일이 아닙니다

개인과 국가의 적자가 눈덩이처럼 증가하고 있는 요즈음 우리가 기억해야 할 프랑스 격언이 있습니다. '빚이 있으면, 위험도 있다.'

우리는 너무나 오랫동안 돈이 결코 마르지 않을 것이라고 생각하면서 돈을 너무 헤프게 써 왔습니다. 이제 돈은 고갈되었습니다. 지금이야말로 다음과 같은 질문을 정기적으로 우리 스스로에게 던져야 할 때라고 생각하지 않습니까? 이것이 내게 정말 필요하며 기다릴 수는 없습니까? 지금은 가방이나 지갑에서 신용카드를 꺼내 버리고 은행 통장을 대신 집어넣어야 될 때가 아닙니까? 오늘은, 이 달은, 올해는 저축을 얼마나 했습니까? 우리는 성공의 척도가 지출한 돈의 합계가 아니라 저축한 돈의 합계가 되어야 한다는 것을 배워야 합니다.

푼돈을 아껴야 합니다. 샴페인 터뜨리기는 뒤로 미룹시다. 장기적인 목표를 추진하십시오. 처음에는 돈 없이 지내야만 할지도 모르지만 결국에 가서는 당신은 부자가 될 것입니다.

무엇이 당신에게 중요한지 결정해서 어떤 대가를 치

르든 그것을 실행하십시오

제이와 리치의 좋은 친구인 빌 니콜슨은 암웨이가 눈부신 성장을 하는데 많은 도움을 주었습니다. 그는 아버지에 관해서 다음과 같은 가슴아픈 이야기 하나를 간직하고 있습니다. '빌이 아직 젊었을 때, 하루는 아버지와 낚시를 갔습니다. 둘은 모두 바쁘게 사느라고 함께 지낼 시간이 별로 없었습니다. 그들에게는 해야 할 일들이 많았으며 앞으로 살 날도 많이 남아 있었습니다. 그런데 갑자기 빌의 아버지는 낚싯배 안에서 치명적인 심장 발작을 일으켰습니다. 그의 아버지가 가슴을 움켜잡고 한 마지막 말은, "지금은 안돼, 지금은 안돼"였습니다.'

마크 트웨인은 "내일까지 미룰 수 있는 것을 오늘 하지 말라"고 말한 적이 있습니다. 그것은 옳지 않습니다. 우리는 중요한 장기적인 목표를 설정했습니다. 그런데 매일 중요하고, 급박하고, 아슬아슬한 일들이 일어나서 이 목표를 지연시킵니다.

만일 그것이 당신에게 중요한 일이라면 오늘 당장 시작할 방법을 찾으십시오! 우리는 빌의 아버지가 죽으면서 생각했던 게 무엇인지는 모릅니다. 단지 그가 말했던 것을 알뿐입니다. "지금은 안돼! 지금은 안돼!" 나는 이 이야기를 들을 때마다 내게 남겨진 시간 동안 내게 중요한 일을 할 것을 다시 한번 다짐합니다.

당신이 만나는 모든 사람은 당신이 상상하는 것보다

더 많은 잠재력을 가지고 있습니다

"책 표지만 보고 책을 판단하기란 얼마나 어려운 일인가" 라는 예로부터 내려오는 격언이 있습니다. 꼭 성공할 것처럼 보이는 사람이 중도에서 그만 두거나 실패할 수도 있으며 꼭 실패할 것처럼 보이는 사람이 커다란 성공을 거둘 수도 있다 는 사실을 명심하십시오. "패자에게 한 번 걸어 보라." 그러 면 당신은 그들이 너무나 자주 승자로 변하여 당신에게 그 대가를 가져다주는 것에 대해 놀라움을 금치 못할 것입니다.

실패는 성공의 어머니이다.
실패를 두려워하지 말고 실패로부터 배우십시오.

우리 암웨이 사업에서는 당신들의 사업과 마찬가지로 처음 에는 실패했으나 결국 성공한 사람들에 관한 이야기가 전설 이 되었습니다(또한 재미있기도 합니다).

크리스 체리스트라는 이는 150번이나 제품 선전을 했는데 단 한 번도 성공한 석이 없었다고 합니다. 짐 도넌이라는 디 스트리뷰터는 이 사업에 뛰어든 첫번째 달을 "실패의 연속" 이라고 회상합니다.

"우리는 적어도 두 번은 모든 것을 잘못했습니다"라고 그 는 회고합니다.

"그리고 나서야 잘못되었다는 것을 깨달았습니다." 그래도 크리스와 짐은 멈추지 않았습니다. 그들은 실수를 했습니다. 실패도 늘어났습니다. 그러나 그때마다 가치 있는 새로운 교훈을 얻었습니다. 그들은 실패에 대한 원인을 분석했으며 나중에는 아주 성공적인 사업을 이끌어 가게 되었습니다. 여러분뿐만 아니라 우리 모두가 속해 있는 사업에서의 성공 비율이 얼마이든지간에 실패를 두려워하지 마십시오. '아니오'라고 말한 사람들이 오히려 당신과 그의 세계를 변하게 할 사람들에게 당신을 더욱 가깝게 해주는 것입니다.

영국의 한 텔레비전 회사의 중역이자 아나운서인 휴 웰던은 프로듀서 지망생들에게 다음과 같이 말했습니다.

"실패는 죄악이 아닙니다. 성공할 기회를 갖지 않는 것이 죄악입니다."

먼저 목표를 설정하십시오, 모든 것은 따라오게 마련입니다!

만일 당신이 진정으로 목표를 실현하고 싶다면 확실하고 분명한 어조로 세상에 말하는 것이 당신에게 도움을 줍니다. 적어도 도중에 당신을 고무시킬 수도 있으며 비판할 수도 있는 사람들에게 당신의 목표를 털어놓아야 합니다.

우리가 직면하고 있는 대부분의 불리한 조건들은 우리가 스스로 설정해 놓은 것입니다. 우리는 분명한 장기적인 목표를 가지고 있지 않습니다. 그러므로 우리가 거기에 도달하지

못한다고 해서 놀라울 것이 무엇이 있겠습니까? 올해의 목표
는 무엇입니까? 향후 10년간의 목표는? 목표를 한 번 적어
본 적이 있습니까? 진전 상황을 도표로 만들어 보고 필요한
경우 방향 수정을 해 본 적은 있습니까? 만일 당신을 이끌어
줄 목표가 없다면 당신은 아무 곳에도 도달할 수 없을 것입
니다. 만일 그렇게 되면, 당신 자신 외에 비난할 사람은 아
무도 없는 것입니다.

행동하십시오,
만일 행동하지 않으면 결코 알 수 없을 것입니다

　나이키 게시판이 타임즈 광장 위 8층 높이에 걸려 있습니
다. 그 게시판에는 "행동하십시오."라고 씌어 있습니다. 얼
마나 자주 우리는 우왕좌왕합니까? 이솝은 "미지근한 사람과
는 상종하지 않겠다"라고 말했습니다. 요한복음에서 세례자
요한은 "네가 이같이 미지근하여 덥지도 차지도 아니하니
내 입에서 너를 내치리라(요한계시록 3:16)"라고 말하고
있습니다.
　하고 싶지 않은 일이 기다리고 있지 않습니까? 거쳐야 할
위험스러운 단계가 있습니까? 흥미는 느끼지만 시작하기가
두려운 모험이 있습니까? 그렇다면 행동에 옮기십시오. 자신
의 사업을 시작하고 싶습니까? 사장에게 임금 인상을 요구하
거나, 상관에게 자리를 옮겨 달라고 부탁하거나, 아니면 동

료에게 스테레오 볼륨을 낮춰 달라고 부탁하고 싶지는 않습니까? 시도해 보십시오. 만일 행동에 옮기지 않으면 결코 알지 못하게 될 것입니다. 지금 곧 행동하지 않는다면, 결코 행동할 수 없을 것입니다.

자녀들을 참여시켜야 합니다

그레그와 로리 던칸 부부는 대부분의 성공한 우리의 디스트리뷰터들과 마찬가지로, 사업 시작 첫날부터 아이들을 참여시켰습니다.

그레그는 이야기를 시작합니다. "데빈이 겨우 8살이고 딸 위트니가 여섯 살이었을 때 아이들은 전화 받는 법과 중요한 전갈을 받아 적는 법을 배웠습니다. 아이들은 우리와 함께 집회에도 참석해서 성공 사례를 들으며 흥미진진해 했습니다. 아이들은 집 앞 마당에서 액티브-8(암웨이가 취급하는 과일 주스)을 파는 자신들의 사업을 시작하게 허락해 달라고 요구했습니다."

던칸 부부는 단시간 내에 그들의 사업에서 새로운 단계에 도달하려는 목표를 세웠습니다. "우리는 그 목표를 달성하기 위해 아이들을 참여시켰습니다"라고 로리는 설명하기 시작합니다. "우리가 실패했을 때 처음에는 마치 우리가 아이들을 망치기나 한 것처럼 당황해서 어쩔 줄 몰랐습니다. 실제로는 결코 그들을 망친 게 아니었습니다. 우리는 과거를 회고할 때마다 아이들에게 우리가 성공하는 것뿐만 아니라 실패하는 것까지도 보여 준 것이 얼마나 중요한 것이었나를 깨닫게 되었습니다. 왜냐하면 아이들은 언젠가는 실패를 할 것이며, 그들의 부모들이 총을 다시 장전하고, 총의 노리쇠를 다시 잡아당기고, 목표를 다시 겨냥해서 총을 다시 쏘는 것을 본 아이들은 자신들의 실패를 극복하고 다시 시작하게 되는 법을 배우게 될 것이기 때문입니다.

누가 당신들과 나의 아이들이 그렇게 책임감 있고, 창의력 있고 자기 일에 충실한 성인이 될 것이라고 상상이나 했겠습니까? 아이들을 사업에 처음부터 참여시키는 것은 그들의 성장과 이해에 있어 매우 중요합니다. 지금 아이들을 소외시키면 그들이 성장한 다음의 사업 세계에서 자신들의 방향을 찾지 못할 것은 물론이고, 부모의 사업에 참여하고 싶은 흥미나 능력을 가지지 못하게 될 것입니다.

다른 사람을 사랑하는 것이 성공의 열쇠입니다!

암웨이 사업의 성공자 데이브 테일러의 성공 뒤에는 깨지지 않는 한가지 규칙이 있다는 것을 우리 모두에게 상기시켜 줍니다. "돈을 사랑하고 사람들을 이용하지 말고, 사람들을 사랑하고 돈을 잘 이용하십시오"라고 그는 말합니다. 모든 사람들, 즉 고객, 공급 업자, 하청업자, 동료, 상관, 고용인을 성경의 구절인 "꾹꾹 눌러, 흔들어서 넘치게 하십시오"처럼 사랑으로 대하십시오. 그러면 당신이 베풀었던 사랑은 다시 당신에게 돌아옵니다.

"당신의 결혼을 확고히 하기 위해 어디로 가야 합니까?"하고 데이브는 묻습니다. "자신감을 회복하고, 새롭게 변화하기 위해서는 어디로 가야 합니까? 당신이 승자이고 당신이 무언가를 할 수 있습니다라는 말을 사람들로부터 듣고자 할 경우는 어디로 가야 합니까? 이러한 것들은 학교에서 가르쳐 주는 것은 아닙니다"라고 그는 말합니다. "이러한 것들은 가정이나 교회에서조차 배울 수 없을 때가 너무나 많습니다. 우리는 서로에게 이러한 것들을 해 주어야 하며 우리가 그렇게 할 때 사람들은 점점 더 충성을 바치게 되고 열심히 일하며 사업은 성공하게 됩니다."

결코 뒤돌아보지 마십시오, 한 번에 한 걸음씩 앞으로 나가십시오!

"자기가 한 일을 감상하기 위해 뒤로 물러서는 고층 빌딩 창닦이처럼 되지 말라"당신이 한 일을 자축하고 올바른 방향으로 나아가고 있나 의심해 보기 위해 뒤로 물러설 시간은 이 사업이나 다른 사업에서 많지 않습니다. 물론 우리는 사려 깊어야 하며 우리의 실수와 실패로부터 배워야 합니다. 그러나 지나칠 정도로 곰곰이 생각할 시간은 없습니다. 당신이 성공을 거두면 당신 자신의 어깨를 툭툭 두들기고 5분 동안 자축하고는 다시 일로 돌아가십시오. 실패하면 한번 실컷 울고 눈물을 닦아 버리십시오. 해야 할 일과 개척해야 할 분야가 많이 있습니다. 또한 도전해야 할 새로운 한계와 쟁취할 수 있는 대단한 성공이 기다리고 있습니다.

기회가 오고 있는 중입니다. 받아들일 만반의 준비를 갖추십시오!

잭 도거리는 다음과 같은 말을 우리에게 해 주었습니다. "학생이 준비를 갖췄을 때, 스승이 나타납니다." 우리는 이 말에 들어 있는 지혜에 대해 생각해 볼 필요가 있습니다. 기회는 우리 주위에 있습니다. 그러나 우리가 만반의 준비를 갖추고 있을 때에만, 우리는 그 기회를 잡을 수 있으며 후회하지 않게 됩니다.

앞에 놓여 있는 기회에 대해 만반의 준비를 갖춘다는 것은 무엇을 뜻하는 것일까? 비록 대학 학위가 도움을 줄지는 모르지만 당신을 준비시킬 수는 없습니다. 또한 돈이 중요하긴 하지만, 은행에 있는 현금이 준비를 갖추게 해 줄 수는 없습니다. 높은 지위에 있는 친구들? 영향력 있는 정보망? 이력서? 추천서?

아닙니다. 기회가 갑자기 나타났을 때 그것을 알아보고 잡을 수 있게 당신을 준비시켜 주는 것은 당신 마음과 당신 머리 속에서 "나는 할 수 있으며 하고 말거야"라고 말해 주는 신비롭고 강력한 그 무엇입니다. 그것은 우리가 서로에게 줄 수 있는 선물입니다. 그리고 때로는 우리가 우리 자신에게 주어야만 하는 선물입니다.

요즈음은 경제적으로 어려운 시기일지는 모르지만 당신의 생을 성공으로 만들어 주는 기회는 과거와 똑같이 많이 있으며 어쩌면 더 많을지도 모릅니다. 준비를 갖추십시오. 당신을 믿는 친구를 찾아내십시오. 그러면 언젠가 당신은 자신을 믿게 될 것입니다. 그날 기회는 찾아올 것이며 스승은 나타날 것이며 당신은 준비를 갖추게 될 것입니다.

성과보다 사람이 우선입니다.
중요한 것을 우선적으로 행하십시오

장기적인 성공이 중요한 모든 사업에서는 성과보다 사람이 우선입니다. 그런데도 사람들이 밖에서 자신들의 말을 들어 주기를 기다리며, 사랑 받기를 기다리며, 동원되어 훈련받기를 기다리는 동안 얼마나 많은 시간을 우리는 선반 위의 하찮은 것들을 다시 정리하느라고 소비합니까? 하찮은 것들은 저절로 정리가 되게 그냥 내버려두십시오. 사람들과 함께 시간을 보내십시오. 그러면 당신은 자신도 모르는 사이에 사업에서 성공을 거두게 될 것입니다.

당신의 목표는 무엇입니까? 당신에게 중요한 순서대로 목표를 적어 본 적이 있습니까? 예를 들어 오늘은 무엇이 성취할 목록 최상단에 자리잡고 있으며 당신이 그것을 달성하는 데 있어 당신을 도와줄 수 있는 사람은 누구입니까? 사람들이 자신을 도울 수 있도록 그들을 도와주는 것이 성공을 지속시키기 위한 열쇠입니다. 당신은 확신하십니까? 그것을 지금 하고 계십니까? 긴급하게 보이는 것이 우리의 생에 있어 진정으로 중요한 것을 얼마나 빨리 밀쳐 냅니까? "그러고 있는 동안 시간은 흘러갑니다. 돌이킬 수 없는 시간이 흘러갑니다"라고 버질은 쓰고 있습니다.

포기는 당신이 진정으로 노력하지 않았다는 것을 의미합니다.
결과가 나올 때까지 고수하십시오!

새 일을 시작하면 커다란 실수나 하지 않았나 의심해 볼 때가 있기 마련입니다. 또 다른 성공적인 기업가는 이 시기를 "신념 구축 기간"으로 부릅니다. 그는 사업 초기에 "내 처와 나는 노력을 했으나 우리가 아무 곳으로도 가고 있지 않고 아무런 진전도 없는 것처럼 느껴졌다"라고 회상합니다. 그 시기는 어려운 시기이긴 하지만 그들은 결국 그 시기를 넘길 것입니다. "신념을 가지고 고수하십시오"라고 내 친구는 충고합니다. "옳은 일을 계속하십시오. 그러면 좋은 일이 생길 것입니다."

너무 빨리 끝낸 사람들은 항상 그렇게 되었을지도 모를 일을 의심합니다. 그러나 성실히 계속해서 노력하며 하루 하루, 몇 시간씩 기본적인 것을 하며 포기하기를 거부하는 사람들은 어느 날 갑자기 수백만 명의 승자들 중의 하나가 됩니다.

그만 두고 싶은 욕구는 당신과 당신의 꿈—새 집, 새 차, 은행 예금, 유럽이나 타이티에서의 휴가 등—사이에 있는 마지막 장애입니다. 버티십시오. 모든 사람들은 때때로 그만 두고 싶어합니다. 하지만 그래서는 안됩니다.

당신의 목표를 성취하기 위해서 모든 것을 걸어라!

"용기 있는 자가 승리합니다!" 우리 사업의 모든 성공 사례는 이 말을 확인해 줍니다. 성공하기 전에 무엇인가에 승부를 걸지 않은 사람을 우리는 한 명도 알지 못합니다.

어떤 사람들에게는 그것은 돈입니다. 어떤 사람들에게는 그것은 가족의 명성입니다. 어떤 사람들에게는 그것은 명예입니다. 한 예로 E.H.에릭이 일본의 인기 있는 텔레비전 쇼의 진행자였을 때 기회가 찾아왔다고 합니다. 그는 그의 명예를 걸고 자신의 사업을 시작해서 성공했습니다.

당신의 직업에 있어서의 꿈은 무엇입니까? 당신은 꿈을 추구하기 위해 무엇을 걸겠습니까? '아무런 모험도 하지 않으면, 아무 것도 얻을 수 없다' 라는 격언이 있습니다. 우리는 여기에 '많이 걸면 많이 얻는다' 라고 덧붙이고자 합니다.

충분히 씨를 뿌리십시오.
그러면 많이 거두게 될 것입니다.

3000여년 전에 솔로몬 왕은 "물위에 빵을 던져라. 그러면 너에게 무언가가 돌아올 것이다"라고 썼습니다. 고대 이집트에서는 겨울철 홍수로 나일강을 따라 범람한 물이 줄어들기 시작하면 농부들은 물이 빠진 얇은 침니층에 씨를 뿌려야 할 시기를 정확하게 알았습니다. 어떤 농부들은 더 편리한 때까지 기다렸습니다. 어떤 농부들은 여기 저기 조금씩 뿌리고 흐뭇해했습니다. 그러나 적시, 적소에 충분히 씨를 뿌린 농부들은 추수를 많이 하게 마련이었습니다.

캐나다의 안드레와 프랑소와 블랑샤드 부부는 씨뿌리는 것에 대해 우리에게 많은 것을 가르쳐 줍니다. 안드레는 그의 고향 퀘벡에서 식료품 체인점의 지배인이었습니다. 중학교 1학년을 중퇴한 데다 영어도 짧았던 그는 주급 97불의 직업에 만족해야 했습니다. 법률사무소 비서였던 프랑소와는 남편보다 월급을 많이 받았으나 둘의 월급을 합쳐도 생활비에는 모자랐습니다.

안드레는 회고합니다. "13년간 우리는 매 순간 씨를 심었습니다. 우리는 수백 명의 사람들에게 판매 및 마케팅 계획을 소개했습니다. 우리는 수백 통의 전화를 했으며 수십만 마일을 여행했습니다. 의심을 가졌던 때도 있었습니다. 지쳐서 그만 두려고 했던 때도 있었습니다. 그러나 우리는 씨 뿌리는 것을 멈추지 않았습니다. 그리고 그 결과는 우리의 원대한 꿈을 넘어선 풍작이었습니다."

오늘날 안드레와 프랑소와는 전망 좋은 언덕에 수영장이 딸려 있는 집에서 살고 있습니다. 그러나 블랑샤드 부부가 이룩한 경제적 안정보다 더 중요한 것은 자녀들과 시간을 마음껏 보낼 수 있으며 퀘벡의 어린이들을 위한 더불어 사는 사회 활동에 참여할 수 있다는 것입니다. "충분히 씨를 뿌려라, 그러면 많이 거두게 될 것이다"라고 한 고대 철학자는 쓰고 있습니다. 이 말에다 씨 뿌리는 걸 그만 두면 결코 아무것도 자라나지 않는다는 것을 덧붙였으면 좋을 뻔했습니다.

우정에 최상의 가치를 부여하십시오!

격언 책에 보면 솔로몬의 충고가 나와 있습니다. "친구를 버리지 마십시오, 왜냐하면 재난이 곧 닥치게 될 것이며 그러면 피신해야 할 집이 필요하기 때문입니다."

오랜 세월 동안 제이와 리치는 이 사업 안에서, 혹은 밖에서 많은 친구들을 사귀었습니다. 우리가 함께 벌었거나 앞으로 함께 벌 돈보다 그것이 얼마나 더 중요한지 모릅니다. 또한 우리는 친구라 부르는 사람들의 죽음에 대해 커다란 슬픔을 느낍니까. 헬렌 켈러는 "내가 사랑하는 친구들이 죽을 때 나의 일부분이 땅에 묻힙니다. 하지만 나를 행복하고, 강하고, 깨닫게 만들어 주었던 그들의 공헌은 그대로 남아 나를 변해 버린 세계에서 지탱해 줍니다."

당신은 사업에서 친구를 가지고 있습니까? 그 우정을 지속시키기 위해 무슨 일을 하고 있습니까? 점심이나 저녁을 함께 한 적이 있습니까? "당신을 생각하고 있어요"라는 말을 적은 카드나 꽃을 아무 예고 없이 보낸 적이 있습니까? 적어도 한 명의 좋은 친구를 갖는 것이 우리가 해야 할 중요한 과제라는 사실을 인식해야 합니다. 친구들은 우리가 필요할 때 우리에게 위안을 주고 우리에게 바른말을 해 줍니다. 친구들은 우리의 목표를 지탱하는데 도움을 줍니다.

승자는 주목받고, 넋두리를 늘어놓는 자는 무시당합니다!

우리들 대부분은 승자를 좋아합니다. 암웨이사의 행사는 맡은 바를 수행하는 사람들의 업적을 인정하는 것을 중심으로 이루어져 있습니다. 우리는 이 사업에서 목표를 설정해서 그 목표를 달성한 우리의 친구들에게 마치 열광해서 날뛰는 아이들처럼 환호하고 외치고 펄쩍 펄쩍 뛰면서 감사를 표합니다.

그들은 승자입니다. 그들은 자신들을 믿습니다. 당신이 승자 곁에 있으면 있을수록 당신도 또한 승자가 될 수 있습니다. 그 반대는 비극입니다. 헨리 5세의 1막에 보면 자기 삶이 엉망이 된 젊은 왕자가 소리치는 장면이 나옵니다. "친구, 사악한 친구가 나를 망쳤다." 푸념하는 사람, 잘못을 꼬집는 사람, 징징 우는 사람, 비관론자, 독설가, 불평분자, 인종차별주의자, 꼬투리 잡는 사람, 증오하는 사람들 옆에 있으면 당신도 결국에는 그들처럼 됩니다. 승자 옆에 있으면 언젠가는 사람들이 당신에게 환호를 보내게 될 것입니다!

왜 우리는 사람들이 스스로를 도울 수 있도록 도와주어야 합니까?

우리는 사람들이 스스로를 도울 수 있도록 도와주어야 한다는 것을 믿고 있습니다. 어떤 사람을 인도하고 가르쳐 주고 격려하기 위해 우리의 시간과 돈을 투자할 때 우리는 이미 우리에게 주어진 것의 일부나마 되돌려 주는 셈입니다.

따라서 정신적인 스승이 되도록 하십시오. 누구를 도와서 그가 목표를 달성하고 꿈을 이루도록 해주십시오.

홀로서기 위해 우리는 서로를 필요로 합니다

자립은 사람들이 갈망하는 아주 오래된 가치입니다. 혼자 강인하게 설 수 있다는 것은 우리 문화에서 공통된 주제이지만 어떻게 그렇게 자립할 수 있는가에 대해서는 거의 들을 수가 없습니다. 우리는 처음부터 용기와 성실성, 희망을 가지고 태어나는 것은 아닙니다. 또한 어느 날 갑자기 강해지고 독립할 것을 결정지을 수도 없습니다. 살아가면서 어떤 일에 부딪히는 와중에서 힘과 자립할 수 있는 방법이 생기는 것입니다. 그런 일은 어떻게 일어납니까?

대답은 간단하지만 쉽지는 않습니다.

당신의 인생을 한번 돌아보십시오. 당신의 능력을 증명할 수 있는 기회를 주기 위해 당신에게 손을 내밀어 준 용기 있고 사려 깊은 사람이 몇이나 있었는지 기억해 보십시오. 있다면 그들에게 감사를 드려야 할 것입니다. 지금까지 생존했던 위대한 사람들의 감동적인 이야기는 사실 그들을 위대하게 만드는데 도움을 준 주위 사람들의 수많은 이야기가 모여서 이루어진 것입니다(헬렌켈러의 스승 설리반처럼).

우리 모두에게는 과거에 우리가 자립할 수 있도록 도와준 사람이 있습니다. 감히 우리 스스로의 힘으로 오늘날 이 자리에 서게 되었다라고 생각하지 마십시오. 잠시라도 다른 사람의 도움이 필요 없다고 생각하는 것은 건방지고 위험하며 잘못된 일입니다. 돌이켜 생각해 보십시오. 그리고 기억을 더듬어 보십시오. 오늘날 당신의 성공의 뒷받침이 된 능력을 가지도록 도와준 사람이 누구입니까? 존 단은 이런 유명한 글을 썼습니다. "완전히 고립된 섬과 같은 사람은 아무도 없습니다. 모든 사람은 대륙의 일부이며 전체의 일부입니다."

사람들은 "하늘은 스스로 돕는 자를 돕는다"라는 말을 성경에서 나온 말로 잘못 알고 있는데, 사실은 6세기에 쓰여진 이솝 우화에서 나온 말입니다. 사실 이 말은 유대기독교 전통과는 전혀 반대되는 감정입니다. 당신은 누가 길을 가르쳐 주지 않고 스스로 자신을 돕기가 얼마나 힘든지 이솝이 알고 있었다고 생각하십니까? 이솝이 우리가 자립하기 위한 방법을 배우기 위해 얼마나 서로에게 의존하고 있는지 알았다고 생각하십니까? 이솝이 사람들이 스스로 도울 수 있도록 도와주는 일의 기쁨을 알고 있었다고 생각하십니까?

한 세대는 다음 세대가 스스로의 힘으로 일어설 수 있도록 도와주는 것, 그것이 바로 세상이 돌아가는 이치입니다. 부모들은 아이들에게 자립하는 법을 가르칩니다. 아이들은 또 자기의 자녀들과 손자들에게 이를 전해 줍니다. 이렇게 수세기가 지나면서 사람들은 스스로를 돕는 사람을 돕게 되는 것입니다.

예수님이 "서로 사랑하라"고 말했을 때 그는 우리 회사가 설립될 수 있는 바탕을 마련해 준 셈입니다. 사람들이 스스로를 도울 수 있도록 도와주는 것은 "서로를 사랑하는" 가장 훌륭하고도 효과적인 방법입니다.

우리의 사업은 만일 우리가 사람들에게 스스로를 돕는 법을 보여줄 수 있다면 그들도 스스로를 도울 것이라는 믿음에 근거하고 있습니다. 세계 각국에서 행한 리치의 연설은 간단한 두 가지 주제를 가지고 있습니다. "당신도 할 수 있습니다"와 "바로 이렇게 하면 됩니다"입니다. 이것은 잘 입증되고 믿을 만한 가치가 있는 아이디어처럼 보입니다. 그러나 정부와 많은 민간 기관들은 알게 모르게 사람들이 의존적이 되고 스스로를 도울 수 없게 만드는데 모든 노력을 기울이고 있습니다. 나는 결국 사람들을 자립할 수 없게 만드는 도와주려는 시도는 실패할 수밖에 없다고 믿습니다.

스승이 되십시오. 사람들이 스스로 도울 수 있도록 도와주십시오. 그로 인한 혜택은 놀랄 만한 것이고 또 영원히 계속될 것입니다. 반면에 우리가 다가가지 않으면 결과는 무덤뿐입니다. 세상 사람들은 많은 욕구를 가지고 있지만 우리는 단지 한번에 한 사람의 문제를 해결해 줄 수밖에 없습니다. 탈무드에 이런 구절이 있습니다. "자선을 위해 문을 열지 않는 집은 의사에게 문을 열 것입니다."

스승이 되십시오. 세상 사람들이 치유되도록 도와주는 과정에서 당신 자신도 치유될 수 있습니다.

변명을 멈추어야 합니다

불행하게도, 자신이 직면한 문제를 다른 누군가가 해결해 주기를 바라는 사람이 너무나 많습니다. 그들은 다른 사람이나 단체기 그 문제를 해결하기 위해 행동을 개시할 것이라고 희망합니다. 그냥 앉아서 기다리면서 사람들을 비난하고 자신의 벽을 쌓기만 합니다. 그러나 사실은 더 이상 기다릴 시간도, 비난할 사람도, 우리의 나태함의 결과로 빚어지는 사태로부터 우리를 보호해 줄만큼 높은 벽도 없습니다. 우리는 스스로를 도울 수 없는 사람들을 돕지 않게 하는 변명들을 더 이상 사용해서는 안됩니다.

무슨 문제? 내가 보기에는 아무 문제가 없는데.

우리는 오랫동안 문제를 인식하지 않으면 결국 문제가 없어져 버릴 것이라고 생각하는 경향이 있습니다. 또한 문제가 있다는 것을 스스로 확인하기 전에는 애써 문제를 확대시키려고 하지 않는 사람도 있습니다.

그것은 그 사람들 잘못이지 우리 잘못이 아니야.

정치 집회에 모인 사람들은 "그들이 문제를 일으켰으니 그들이 해결하게 해!"라고 고함칩니다. 누군가를 비난하기란 얼마나 쉬운가! "가난한 자들은 일하기를 원치 않는다"라는 말을 들으면 곧 "부자들은 세금을 제대로 내지 않아"라고 반박하게 됩니다. 부자든 가난하든 누군가를 비난함으로써 이득을 볼 수 있는 것은 하나도 없습니다. 비난한 다음 우리는 법이나 새로운 세금, 제한 등으로 그 불평등을 시정하려고 합니다. "우리는 사람들에게 일을 시켜야 해"라고 누가 말하면 "부자들이 할 수 있는 일을 제한해야 해"라고 다른 사람이 맞받아 말합니다. 이런 식으로 비난은 절망적이고 도움이 되지 않는 행동으로 이어지고 문제는 계속 미해결 상태로 남게 되며 욕구는 충족되지 않습니다.

우리 팀(그리고 이를 지켜보는 수백만 명의 팬들)도 똑같이 뛰어 오를 수 있기를 꿈꿉니다. 신은 마이클(NBA 농구 선수)에게 놀라운 선물을 주었지만 그 선물을 계속 개발하고 훈련시킨 것은 바로 마이클입니다. 이제 그는 우리 모두보다

한 단계 우위의 경기를 펼치고 있습니다. 그의 실례를 통해 마이클 조단은 우리도 자신의 재능을 인식하고 그것을 개발, 훈련시키라고 말하는 것 같습니다. 마이클 조단을 제한하지 마십시오. 그가 계속 자신의 업적으로 우리에게 감명을 주게 하십시오. 그 과정에서 우리 자신도 새로운 탁월한 수준에 도달해 보자는 생각을 갖게 될 것입니다.

그건 정부의 문제이지 우리 문제가 아닙니다.

아직도 많은 사람들이 문제 해결의 열쇠는 행정부나 시 정부가 쥐고 있다고 생각합니다. 기관이 설립되고 약속을 합니다. 관료 체제가 발전하고 세금이 인상되어 수십 억의 돈이 소요됩니다. 그러나 변한 것은 아무 것도 없어 보입니다. 문제는 더욱 악화되고 해결 방안은 점점 줄어들고 있습니다. 정부는 문제 해결보다는 문제 창출에 더 능한 것 같습니다. 사실 정부가 바로 문제의 근원인 분야도 많이 있습니다.

우리는 사업을 유지할 정도의 활동만 하고 있습니다.

우리 회사의 가장 성공한 캐나다 디스트리뷰터 중 하나인 짐 잰즈는 이런 경고를 하고 있습니다. "당신이 이런 종류의 사업을 하고 있을 때 다른 사람들이 그들의 사업을 할 수 있도록 도와주는 데 너무 바빠서(그래야 우리 자신의 사업 구축에도 도움이 되니까) 주위의 가난한 사람들을 잊어버릴 위험이 있습니다. 나중에 우리를 도와줄 사람을 도와주는 것만으로는 충분치 않아요."

나중에 할께요.

대부분의 사람들은 스스로 도울 수 없는 사람들을 돕기를 원하지만 빨리 행동으로 옮기지 못합니다. 시간과 돈을 기꺼이 베풀기를 원하는 사람은 많지만 더 유명해지고, 돈을 더 많이 벌고, 시간이 더 많을 때까지 기다립니다. 그러나 기다리고 기다리고 기다리다가 결국 때를 놓쳐 버리게 됩니다. 짐 잰즈는 "사업이 소규모일 때 동정심을 발휘하지 않으면 동정적이 될 가능성은 전혀 없게 될 것입니다"라고 경고합니다.

우리는 동정적으로 행동하지 못하게 하는 변명을 끝도 없이 늘어놓을 수 있습니다. 우리 모두가 알고 있는 변명의 예를 몇 가지 들어본다면 "도와주고는 싶지만 지금 너무 바빠서…" "지금 대금을 지불하지 못한 청구서가 좀 있어서…" "어디서부터 시작해야 할지 몰라서…" 등이 될 것입니다.

인간의 욕구에 대한 실상을 알아야 합니다

우리는 세상사 걱정하는 일에 너무 깊이 빠져들어 그 중 어느 것도 해결할 수 없는 마비 상태가 되어 버릴 수도 있습니다. 아니면 모든 목표를 너무 열심히 추구하려고 해서 우리의 모든 자원이 다 빠져나가고 지쳐 버려 문제를 해결하는 것이 아니라 오히려 문제의 일부가 되어 버릴지도 모릅니다.

모든 것을 다 겨냥하고 있는 사람은 아무 것도 맞출 수가 없습니다.

우리는 문제 해결에 기여하기 전에 먼저 그 문제를 충분히 이해하고 있어야 합니다. 우리가 직면하는 문제는 상당히 복잡한 것들이고 판단의 오류를 범하기 쉬운 것들입니다. 우리는 우리 자신에 대한 사실을 확인할 책임이 있습니다. 그렇지 않으면 득보다 해를 끼칠 위험이 생깁니다.

우리 친구인 나카지마 가오루는 일본의 공항에서 맹도견이 안내하는 것을 보았습니다. 나카지마는 이렇게 말했습니다. "그건 내가 처음으로 본 맹도견이었습니다. 단지 그 개가 일하는 것을 보는 것만으로도 큰 감동을 받았어요. 그래서 여행에서 돌아오자마자 나는 일본에 있는 맹도견 협회를 찾아보았어요. 협회 사무실을 방문해서 훈련을 받고 있는 개들도 보았습니다. 협회의 연례 보고서도 읽었고, 이 단체가 얼마나 기부금에 의존하고 있는지도 알았지요. 몇 가지 조사를 끝낸 나는 그들에게 백만 엔을 기부했습니다. 얼마 전 나는 어떤 젊은 맹인 여성이 오사카 거리에서 그녀를 안내하는 맹도견 덕분에 아무런 두려움 없이 빨리 빨리 걸어가고 있는 것을 보았어요. 그때 나는 스스로를 도울 수 없는 그 여성을 내가 조금이나마 도왔다는 것을 알고 가슴이 뿌듯해 졌습니다."

이 세상 사람들의 문제에 대한 해결은 정부의 관료 체제에 있는 것이 아니라 우리 이웃의 마음속에 있습니다. 우리가 실제로 문제가 어떤 것인지를 알아낼 때 그것을 해결할 구체적인 첫 걸음을 내딛는 것입니다.

사람과 지구에 관한 많은 문제들이 우리의 관심을 기다리고 있습니다. 우리는 건강하게 살아갈 수 있는 환경을 필요로 하지만 정의로운 사회도 원합니다. 우리의 목적은 건강한 지구가 아니라 그 속에서 살아갈 건강한 사람들입니다.

왜 우리는 지구를 보존하고 보호하는 일을 도와야 합니까?

우리는 지구와 우리 가정을 구하는 데 도움을 주는 일을 믿습니다. 지구 보존을 위해 시간과 돈을 공유할 때 우리는 진정으로 우리 자신을 보호하는 데 도움을 주고 있는 것입니다. 그러므로 지구의 친구가 되십시오. 당신이 오늘 지구를 보존하기 위해 할 수 있는 일은 무엇입니까?

다음 세대의 성공과 기회는 우리가 다음 세대의 사업가들을 위해 지구를 얼마나 잘 보호할 수 있는가에 달려 있다는 점을 알지 못하면서 성공의 가능성이나 자유 기업이 창출하는 기회에 대해 이야기한다는 것은 아무 의미가 없습니다. 자원이 없으면 부(富)도 없습니다. 매튜 이필리의 집에서 볼 수 있는 공해는 우리가 하고 있는 일이 지구 전체에 영향을 미친다는 점을 잘 일깨워 줍니다.

여러분은 어떤지 잘 모르겠지만 나는 환경 보호 문제를 둘러싸고 있는 문제가 얼마나 복잡하고 논쟁의 여지가 많은가

하는 생각으로 가득 차 있습니다. 나에게 구체적 해결 방안
은 없습니다. 그러나 우리 회사가 하고 있는 일과 우리의 경
험이 여러분에게 도움이 될 것이라고 확신합니다.

지구에 대한 암웨이의 결의

암웨이의 성공의 일부는 우리가 판매하는 물건이 환경에
책임을 지고 있다는 확신에 근거하고 있습니다. 암웨이는 우
리 고향의 환경을 오염시키고 지구 환경에 해를 미치거나 알
래스카의 지평선을 공해로 물들이는 제품을 판매하기를 원하
지 않습니다.

환경에 대한 책임을 잊지 않도록 하기 위해 우리는 다음과
같은 환경 헌장을 써 놓았습니다.

암웨이는 지구의 한정된 자원과 환경을 적절히 사용하고
관리하는 것이 산업체나 개인 모두의 책임이라고 믿습니다.
전세계에 이 백만 명 이상의 디스트리뷰터로 이루어진 독자
판매망을 가지고 있는 유수한 소비재 제조업체로서 암웨이는
건강한 풍토를 육성, 증진하는데 그 책임과 역할을 인식하고
있습니다.

이 간단한 헌장이 지구에 대한 우리의 책임을 나타낸 암웨
이의 신조입니다. 우리는 이 일이 옳은 일이라고 믿습니다.
그러나 믿음만으로는 충분치 않습니다. 기독교에서 행동이
없는 믿음은 죽은 것이라고 말하듯이 행동이 따르지 않는 신

조는 별 의미가 없습니다. 그러나 어디서 시작을 해야 합니까? 어떻게 신문의 1면에 실린 절망적인 기사들로부터 압도당하지 않을 수 있습니까?

여러분이 세계 도처에서 일어나는 문제를 생각해 본다면 사실 그 문제는 지역적인 문제라는 것을 알게 될 것입니다. 시커먼 연기를 토하는 동구권의 공장에 대해 걱정한다면 단지 우울한 마음만 깊어질 따름입니다. 왜냐하면, 그런 문제에 대해 여러분이 할 수 있는 일은 별로 없기 때문입니다. 그러나 우리 자신의 고장에서 일어나는 문제는 해결할 수 있습니다. 때로는 지역문제에 대한 해결책이 지구 전체 문제 해결의 일부가 되기도 합니다.

환경 운동은 자기 고향의 환경 보호를 위해 어떤 행동을 취하고자 하는 각 개인들로부터 시작됩니다. 가장 작은 행동에서부터 시작되는 것입니다. 우리가 진정으로 해야 할 일은 길거리에 떨어진 종이를 줍는 것에서부터 시작됩니다. 이런 작은 일이 중요합니다. 우리 행동을 정화하기 전에는 커다란 문제에 대해 논의할 수 없습니다. 우리 이웃을 깨끗이 하기 전에는 세계를 깨끗이 할 수 없습니다. 지구 정화는 우리가 지금 우리 동네에서 할 수 있는 일을 함으로써 시작됩니다.

그러나 청소가 중요하다고 해서 보다 큰 환경 문제를 지지하지 않는다는 것은 아닙니다. 그런 문제도 중요합니다. 우리는 매일 매일 내리는 결정에 대하여 신중히 고려해야 합니다. 만일 환경에 해가 되지 않는 제품을 산다면 지구 환경에 긍정적인 기여를 하는 것입니다. 환경에 문제를 일으킬 수 있는 제품의 소비를 피한다면 책임 있는 행동을 하는 셈입니다. 동정적 자본주의자는 또한 동정적 소비자이어야 합니다.

암웨이는 거창하게 "녹색혁명"을 추진하지는 않습니다. 그러나 회사 규모가 커질수록 우리의 환경에 대한 결정으로 인해 영향력도 커졌습니다. 1989년 유엔은 암웨이에게 유엔이 제정한 환경 보호 우수 업체에게 주는 상을 수여했습니다.

1990년 암웨이는 유엔에서 열린 유엔 환경 프로그램 주최 지구의 날 행사의 주요 후원자가 되었습니다. 유엔은 지구 환경에 대한 정보 입수와 자료 조사자로서 유용한 목적을 위해 봉사하고 있습니다. 이 모든 것이 암웨이가 세계의 모든 사람들과 더불어 잘 살기 위한 노력을 하고 있다는 실례입니다. 사업가는 혼자만 잘 살면 되는 것이 아닙니다. 남을 돕다 보면 자신도 잘 살게 된다는 것을 알게 될 것입니다. 암웨이는 우리에게 옳다고 생각되는 일을 할뿐입니다.

성공의 길잡이
용안 신서

용안 미디어